뼈있는 유머

김현기 저

베드로서원

뼈있는
유머

　현대인은 유머의 난립 속에 살고 있다. 인터넷에 들어가면 각종 야한 농담으로 도배되어 있어 정신이 혼란스럽다. 물론 야한 유머도 필요할 때가 있다. 하지만 도가 지나쳐 너무 야한 유머 일색이다. 생각하는 유머, 교훈이 되는 유머가 필요한 것 아닌가. 유머를 인생(생활)의 한 부분으로 본다면 더욱더 그렇지 않은가.

　야한 유머는 배설하면 그뿐이지만, 뼈있는 유머는 살과 피를 만든다. 모든 사물을 대변해 줄 수도 있다. 인간이 웃을 수 있는 정도는 박장대소할 수 있는 유머와 조소, 실소 정도의 유머가 있지만, 웃기지 않은, 웃지 않은 유머도 유머다. 웃음 없는 유머는 눈물 없는 슬픔과 같이 깊고 길다. 여운과 여유가 있어서다. 겉으로 웃는 것보다 마음으로 웃는 모습이, 내면의 웃음이 뼈있는 유머다. 냄새 안 나는 방귀가 더 구리고, 김 안 나는 물이 더 뜨거울 수 있듯이….

　야한 유머는 골다공증에 걸린 유머다. 야한 유머의 체중이 40kg 이하라면 뼈있는 유머, 통뼈 유머는 70kg이상 나간다. 야한 유머는 편식이 심하다. 신체 약점을 집중적으로 노려 상대를 죽여 가며 웃기려 든다. 애꿎은 성(性)을 노리개 감으로 선택해 억지웃음을 유발한다. 웃음은 인공감미료 대신 자연적인 유기농이어야 자생력이 있다.

　지나가는 유머처럼 유행병에 걸린 유머 말고 시사적이고 메시지

전달하는 유머가 뼈있는 유머라고 할 수 있겠다. 뼈있는 유머는 정신을 맑고 건강하게 만든다.

목차

목차

목차

제5장 .. 237

목차

1장

뼈 있는 유머

옷음은 큰 대가를 치르지 않고서도 많은 것을 이루어 낸다.

옷음은 받는 이의 마음을 풍족하게 해주되 주는 이의 마음은 가난하게 만들지 않는다.

옷음은 번개처럼 짧은 순간에 일어나지만 그 기억은 영원히 남는다.

001. 속도

고속도로에서 아내의 난폭운전이 거슬린 남편,

"속도 죽여!"

"왜? 여긴 고속도로잖아."

"속도 안 죽이면 우리 모두 죽어!"

002. 천국

목사 : 넌 지옥가고 싶니? 천국가고 싶니?

아이 : 지옥이요.

목사 : 아니 왜?

아이 : 천국에 가면 할 일 없을 것 같아서요. 나태해질 것 같아요.
　　　 목표(천국행 열차 타는 것)가 없잖아요.

천국 = 최고(?)

003. 정경유착

딸 : 정경유착이 뭐야?

아빠 : 정치인을 아버지로 여기고, 대기업총수를 어머니로 여겨
　　　 봐.

예전 어머니는 아버지 말이라면 무조건적인 순종＋복종하였다.

OO4. 긍정적

매사 부정적인 생각으로 삶을 사는 젊은 친구에게 고교 선배가 아주 심할 정도로 조언을 해주고 있었다.

"자넨, 너무 부정적인 맘을 가지고 있어. 부정적인 맘은 자신은 물론, 타인까지 퇴보하게 만드는 무서운 병과 같아. 긍정적인 사고를 가지고 삶을 살라구."

선배의 잔소리는 젊은 친구에게는 귀에 가시였다. 불과 일 년 선배에게 잔소리를 듣기에… 얼굴이 상기된 젊은 친구는 급기야 주먹을 쥐게 되었다.

그러자 선배는 후배에게 소용히 묻는다.

"왜 그래?"

"주먹이 웃는다."

"주먹이 웃어? 주먹이 운다는 소리는 들었어도 주먹이 웃는다는 말은 처음 듣는데~"

"선배가, 매사 긍정적인 생각을 하라고 했잖아!"

OO5. 정치

수업시간에 한 학생이 선생님께 여러 질문을 던졌다. 일반적인 질문과 특별한 질문이었다.

"선생님, 경제가 무엇인가요?"

"경세제민(經世濟民)의 준말로써, 세상을 다스리고 백성을 구제한다는 뜻이 담겨져 있다."

"사회는 무엇인가요?"

"공동생활을 하는 인간의 집단이지."

"문화는요?"

"문덕(文德)으로 백성을 가르치고 이끄는 거란다."

마지막 질문은 어려웠다.

"정치란 무엇인가요?"

선생님은 대답을 칠판 글씨로 대신했다.

'정치 = 사회 + 경제 + 문화 + $\propto$'

OO6. 촌지

촌지를 몹시 밝히는 교사가 있었다. 이 교사는 촌지가 없는 아이들에게는 폭행을 일삼기 일쑤였다. 이 반의 반장이 담임선생님께 촌지를 한 번도 바치지 않은 아이에게 담임이 때리려 들 때 주의사항을 일러주었다.

"우선 절대 덤비지 말고 놀라거나 당황하지 마. 또 큰 소리를 내는 일이 없도록 해. 과민반응을 보이면 좋지 않거든. 그런 행동들은 오히려 담임을 혼란스럽게 만들어 상황을 더욱더 악화시킬 뿐이야. 담임이 흥분할 때 다독거리거나 달래는 행동은 위험해. 담임은 이를 칭찬으로 받아들여 더 심하게 흥분을 할 수 있거든."

반장의 주의사항을 다 듣고 나서 아이는 고개를 끄덕이며 중얼거렸다(충분히 이해를 한 모양새로).

"개가 물려고 할 때의 대처사항과 똑같네~"

상습적으로 촌지를 받는 교사는 개만도 못하다는 것이 아이의 생
각이었다.

OO7. 신격화

중학교 문제 ; 괄호 안을 알맞게 채우시오.

기독교 – 하나님   불교 – 부처님
천주교 – 하느님   대한민국 – (   )

아이들은 초등학교까지 받은 교육내로 괄호 안을 채웠나.
대부분의 아이들이 쓴 답은 세 글자였다. '대통령'

OO8. 신앙의 힘

신앙심이 아주 깊은 아이의 중간고사 성적이 매우 안 좋아지자,
역시 신앙심이 강한 담임선생님이 불러 물었다.
"이번 시험성적이 왜 안 좋아?"
"선생님 말씀을 순종해서 그런 거예요."
"내가 뭐랬는데?"
"앉으나 서나 항상 기도에 힘쓰라고 해서 중간고사 공부를 할 시
간이 없었어요."

OO9. 시험

고2 학생들을 대상으로 생활철학 문제 하나가 출제되었다.

문제 : 다음은 마하마트 간디의 말을 인용한 수필가 안병욱 선생의 현대문명 7가지다. 만약, 8가지를 만들 수 있다면 괄호 안을 채우시오.

1. 도덕 없는 상업   5. 양심 없는 쾌락
2. 인격 없는 교육   6. 희생 없는 신앙
3. 인간성 없는 과학   7. 원칙 없는 정치
4. 근로 없는 재산   8. 대책 없는 (   )

7가지에 한 가지가 첨가된 8번째 답을 대부분의 학생들은 이렇게 썼다. '한국, 환경, 지구…'

그런데 한 학생의 답이 눈에 확 띄었다. 매우 현실적인 답이었다. '시험'

O1O. 3D업종

서울대 출신의 아들이 무작정 대기업을 그만두고 장기적인 실업 생활에 돌입하자, 노모의 잔소리가 조용히 이어진다.

"넌 미래에 대한 계획이 있는 거니? 없는 거니?"

"있어요. 그런데 3D(Difficult, Dirty, Danger)업종이라~"

아들이 말을 얼버무리자, 노모가 크게 실망한다.

"3D? 서울대 나와서 대기업 그만두고 고작 막노동을 한다고!"

노모의 불만은 컸지만 아들은 국회의원의 꿈을 가지고 있었다.

정치인은 민성(民聲)에 항시 귀 기울여야 하는 어려움(difficult)과 민성에 대해 불결한 거짓말과 사기로 일관하는 경향이 짙다(더러움, dirty). 그리고 거짓말에 대해 (민성에 대한) 불만으로 역겨운 국민은 테러와 피습으로 표출(위험, danger)할 수도 있다는 것이 아들의 해석이다.

011. 인공적인 미인

재래시장에서 3마리에 5천 원에 파는 닭과 5손에 2만 5천 원에 파는 광어회를 발견한 초등학교 아이가 엄마에게 물었다.

"엄마, 왜 저렇게 싼 거야?"

"닭은 주사약으로 빨리 자라게 하는 '약닭'이라 그렇고, 광어회는 자연산이 아닌 양식이라 그렇단다."

시장을 나온 아이는 길을 지나는 예쁜 얼굴을 가진 어떤 누나를 보며 엄마에게 또 물었다.

"왜 누나가 저렇게 예쁜 거야?"

"자연산이 아닌, 약을 투여한 양식이라 그렇단다."

"그럼, 가격이 아주 싸겠군!"

012. 족집게

서울법대 출신의 28세 남자가 시내에서 제일 규모가 큰 입시학원 수학 강사직에 입사원서를 냈지만 불합격 처리됐다. 합격자는 3류대 출신의 44세 남자였다.

서울대 출신자는 학원 관계자에게 따져 물었다.

"왜 내가 불합격이지요? 수학하면 저란 말이에요!"

이 남자가 화가 치민 것은 수학과에 수석으로 입학과 졸업을 했기 때문이다. 하지만 학원 관계자는 시큰둥했다.

"우린 실력자를 뽑는 게 아니라 기술자를 뽑는 겁니다."

"기술자?"

학원 측은 시험 성적을 올리는 기술자, 즉 족집게 강사를 필요로 한 것이다. 빠른 시간 내에 시험에 나올 확률이 높은 범위를 채집해 가르칠 수 있는 능력을 가진 자가 고액 연봉을 받는 인기 강사라는 말이다.

인기 있는 강사 = 족집게 강사 = 고액 연봉 강사

전인(全人)교육을 할 수 있는 자 = 실력 없는 강사 = 인기 없는 강사

교육에 관한 마인드가 투철한 강사는 실력을 인정받지 못 하는 게 엄연한 현실이다.

013. 눈총

전과 8범인 한 원로정치인이 언론의 정치부장의 질문을 하나 받았다. 권총에 의해 죽은 사람들에 대한 이야기다.

"고 육영수 여사는 공산당의 총에 의해, 고 박정희 대통령은 부하의 총에 의해 세상을 등졌습니다. 선생께선 서슬 퍼런 공산당의 총과 부하의 총보다 더 무서운 게 있나요?"

"나도 총이 무서워."

원로정치인은 80이 넘은 고령, 뒤늦게 '정치'를 깨달았다.

공산당의 권총도, 부하의 권총도, 국민들의 따가운 '눈총'(사려 깊은 비평)보다는 덜 무섭다는 생각이 이 원로정치인의 깨달음이다.

014. 멸망

(애국심이 全無한) 사상범 하나가 "대한민국은 × 같다! 대한민국은 곧 지구상에서 멸망할 것이다"라고 독설을 부르짖자마자 경찰에 붙잡혔다.

이 남자의 지적사항은 출산율이 계속해서 주는 저출산율과 기하급수적으로 느는 자살률, 고령화와 노인인구 증가, 아이를 낳지 않는 딩크(Dink)족 증가와 40대 가장의 생계형 동반자살 증가로 인해 최후에 가서는 노인들만 이 땅에 남는다는 것이었다. 특히 자살률 증가는 심히 걱정되는 부분이다.

중고생 자살 : 입시에 대한 강한 압박감

20대 자살 : 장기 실업에 대한 비관
40대 자살 : 조기 명예퇴직과 해직
노인 자살도 증가 추세이다.

015. 양서

아버지가 생일선물로 아들에게 성경, 명심보감, 사서삼경 등 명언
이 가득 들어있는 양서를 준 후 며칠이 지났다.
아버지는 아들에게 느낀 점을 물었다.
"책 내용이 공부에 도움이 되니?"
"네. 그런데 공부에 도움은 되겠지만, 명언대로 살다가는 굶어 죽
을 것 같아요."

양서는 사람의 양심들을 만들어 놓는다.
곤궁 = 양심(良心), 부유 = 양심(兩心)

016. 돈

기자가 대학생 둘에게 각각 관심 분야를 물었다. 학생 둘의 대답
은 다양했다.
학생 1 : 재테크에 관심 있습니다.
기 자 : 돈에 관심 있군요.
학생 2 : 정치에 관심 있습니다.
기 자 : 돈에 관심 있군요.

국회의원에 당선되고 나면 재산이 증식이 되는 우리나라 정치의
어두운 면을 잘 아는 요즘의 대학생들이다.

017. 정치인 자격

아나운서나 정치부 기자가 정치에 입문하는 경우가 많다. 연예인
도 간혹 출마해 당선되곤 한다.
대학생 한 명이 연예인 출신의 국회의원에게 질문했다.
"연예생활과 정치생활이 많이 달라 어려움이 많을 텐데~?"
"아닙니다. 정치나 연예계나 '쇼(뛰어난 연기력)'를 통해 국민들
로부디 인기만 얻으면 됩니다."

연예인이나 정치인은 브라운관을 통해 국민에게 매일 '인사' 하며
인기와 명예를 (밥 삼아) 먹고 사는 직업인이다. 연예인은 시청률을,
정치인은 표밭을 항상 염두에 두고 생활한다. 국민들을 향한 희생과
봉사는 안중에도 없다.

018. 각오

한 기업에서 신입사원 면접을 실시했다. 1명 모집에 응시생은 겨
우 2명뿐이었지만, 면접관은 합격 여부를 가리기 위해 질문을 던졌
다.
"어떤 각오로 일할 건가요?"
응시생 둘의 대답은 확연히 달랐다.

"목숨 걸고 회사를 위해 일하겠습니다."
"목숨 걸고 저를 위해 일하겠습니다."

합격은 자신을 위해 일하겠다는 사람이 결정됐다. 면접관은 그의 솔직한 면을 높이 산 것이다. 개인의 노력에 의해 사회와 국가는 자연스럽게 발전하는데, 현대인은 초점 없는 아부와 줏대 있는 아집을 구별조차 안 하려든다.

019. 단점

시사평론가가 한 비리 정치인을 상대로 차가운 비평을 하자, 정치인의 얼굴색이 변한다.
"당신은 왜 내 단점만 들추는 거요!"
시사평론가의 얼굴색도 만만치 않게 변한다.
"장점은 일간지 기자들이 다 써주잖아요!"

일간지 기자의 수(數) > 시사평론가의 수
정치인의 장점 > 단점

정치인과 언론의 상관관계는 그 역사만큼 골이 끝없이 깊다. 정치인의 얼굴은 언론이다. 웃다 울다 종잡을 수 없는 연기력에 국민들은 헷갈려 한다.

O2O. 위정자의 월급

대통령 선거에서 국민의 지지율 42.5%로 당선된 노 모씨가 국정수행능력이 매우 미흡하자, 시민단체들이 들고 일어나 해명을 위한 기자회견을 일방적으로 열었다(국정수행능력을 국민들 앞에서 따지자는 것).

한 기자가 노 씨를 다그쳤다.

"왜 국정수행능력이 그 모양이지요! 너무 게으르고 나태한 거 아닌가요? 일을 하시는 겁니까! (기자는 대통령의 직무유기에 대해 따지며) 국민들 눈에는 국정을 절반 정도밖에 수행 안 하는 거로 비춰집니다."

기자의 말이 끝나자마자, 노 씨는 노발대발이다.

"내가 절반 정도의 일밖에 안하는 이유는, 국민의 절반 정도의 지지율 때문입니다!"

듣다 못한 한 시민단체 간부가 노 씨에게 따지듯 소리쳤다.

"그런데 국민의 순수한 세금으로 주는 월급은 왜 절반 정도 받지 않고 다 받는 겁니까!"

서민이나 국민의 월급은 불가피하게 체불되는 사례가 다반사로 일어나고 있지만, 국민의 혈세에 의해 지급되는 대통령이나 국회의원의 월급은 절대 체불되는 경우는 없다. 위정자들은 국민의 3대 의무 중에 하나인 납세 제도를 만든 사람들이다. 우리나라는 법치국가이기 때문에 위정자들이 만들어놓은 강력한 제도 앞에 속수무책으로 국민은 절대 복종할 수밖에 없다.

만약, 나라의 세금이 부족하면 국민의 형편에 상관없이 또 하나의 세금을 거두어들일 수 있는 강한 제도를 만든다. 이러니 위정자들의 월급이 체불될 일이 생기겠는가.

021. 음악과 인생

어느 날, 철학과 교수가 학생들에게 인생(세상살이)을 음악으로 설명하였다.

"세상엔 빈부의 격차가 당연히 있는 법, 부자가 있으면 그 반대가 꼭 있게 마련이다. 인생은 음악과도 같다. 왜냐하면 높은음, 낮은음, 중간음, 최고음, 최저음 등 5가지 음이 어우러져야 듣기 좋은 음악이 탄생되기 때문이다. 만약, 약보 안에 낮은음으로 모두 이루어져 있다고 해보자. 매우 지루할 뿐만 아니라 짜증까지 날 것이다. 그러기 때문에 세상살이는 5가지(잘 사는 이, 못 사는 이 등등) 구색이 맞추어져 있는 법이다."

최고음으로만 이루어진 음악은 듣는 이의 귀를 마비시켜 머리를 돌게 만들 수도 있다.

022. 종교의 자유

성경을 읽은 아이가 기독교 신자인 엄마에게 물어보았다.
"헌법과 성경의 차이점이 뭐야?"
"헌법을 어기면 법의 심판을 받지만, 성경을 어기면 하나님의 심판이 따른단다."

"그럼, 성경말씀은 어겨도 되겠네?"

"왜 그런 소릴 해?"

"성경을 어긴다고 구속되는 경우는 없잖아."

성경은 헌법보다 더 무섭고 힘이 있다. '법 위에 성경이 있다.' 예로서, 부동산 공법상 규제(상수원보호구역 등)가 있는 강변에 절이나 기도원이 들어서는 경우이다. '좋은 일' 한다는 허울 좋은 종교와 관련된 모토로 시·군청에서 까다로운 승인절차를 무난히 받아낸다. '종교' 기관이라는 이유 하나로 허가를 쉽게 받아내고 세금 또한 크게 감면 혜택을 받는다. 종교가 무소불위의 모양새다.

헌법 안에 '종교의 자유' 조항이 엄연히 존재해 누구나 '종교'를 자유롭게 만들 수 있다.

O23. 유전무죄

한 사립 초등학교에 초선 국회의원의 아들과 건물 청소부 딸이 함께 재학 중이었다.

그런데 참 기이한 현상이 벌어졌다. 짝꿍 사이인 이 아이들이 수업 중에 떠들자 담임에게 불려나갔지만, 청소부 딸만 담임의 꾸지람을 들어야 했다. 담임의 불공평한 처사에 청소부 딸은 불만이 터져나올 수밖에 없었다.

"유전무죄 무전유죄군!"

사실, 담임은 아무에게도 (촌지를) 안 받은 상태지만, 요즘 아이들조차도 이 사회의 '유전무죄(로비사회)'의 풍토를 정확히 읽고 있었던 것이다.

O24. 기본요금

얼굴 예쁜 우수정이 심야택시를 탔다. 그런데 목적지에 도착한 택시기사는 기본요금을 뺀 나머지 금액만 받는 게 아닌가.

우수정 : 제 얼굴이 예뻐서 요것만 받는 거군요?
운전기사 : (코가 빨간 채로) 제가 음주운전을 해서~

O25. 섹스

섹스란, 새로운 탄생(2세)을 위함이 아니라 자신이 태어난 길을 따라 다시 들어가고자 하는 본성(本性), 욕망이다.

어머니를 성폭행한 아이에게 묻자, 엽기적인 대답을 했다.
"이 세상이 싫어, 어머니 뱃속에 다시 들어가려고."

O26. 사랑

사랑은, 세상에서 정의(精義)를 가장 많이 간직한 큰 힘이다.

사랑의 용도(多用度) = 화해 + 평화 + 사기(詐欺) + 로비(편법) + 사교(社交) + ∝

027. 숫자

명예퇴직 이후에 줄곧 집에서 놀던 70대 노인이 뒤늦게 행정직 시험에 응시해 면접을 보게 되었다. 면접관은 노인에게 시비조로 계속 물었다.

"그 나이에 왜 일을 하겠다는 겁니까?"
"나이는 숫자에 불과하다고 생각하기 때문입니다."
면접관은 노인의 이력서를 자세히 들여다보며 경력사항을 시비건다.
"당신은 기술직에 경력이 많지만 행정직 경력은 고작 1년 정도밖에 안 되잖아요."
"경력은 숫자에 불과합니다. 경력이 많다고 일을 잘하는 건 결코 아니라고 봅니다. 경력은 많지만 열정이 없다면 그 무슨 소용이 있겠소이까."

노인은 결국, 불합격되었다. 이유는 이런 잘난 사람이 들어오면 골치 아프다는 결론이다.

O28. 월드컵

월드컵의 의미를 '지구촌의 화합' 보다는 '빈익빈부익부의 극대화' 라고 주장하는 시사평론가에게 "월드컵이 화합이 아니라고 주장하는 이유가 뭐냐?"고 기자가 물었다.

"32개 본선 진출국, 그들만의 잔치이기 때문입니다."

32개국 외 탈락 국가는 상대적으로 깊은 허탈감과 적대감, 소외감이 크게 느껴져….

O29. 거짓과 진실

진실 : 자연적으로 발생하는 유일무이한 한 가지.

거짓 : 인위적으로 만든 여러 가지.

인간이 매일 생산해 놓고 있어 그 수를 헤아리기 어렵다.

지구촌은 거짓 생산 처.

진실이 영원불멸한 가운데 거짓의 수명은 진실보다 매우 짧다.

O30. 종교의 힘

인생살이가 고달프고 불안하다보니 세상 살면서 알아두어야 할 사람이 있다. 그래야 세상살이가 편할 수 있다.

법원에 드나들 일이 있으니 변호사, 경찰에 드나들 일이 있으니 경찰관(기왕이면 높은 직급이 절대 유리함), 병원에 드나들 일이 있으니 의사가 필요하겠다.

현재는 이들 세 사람에다 하나가 첨가된다. 종교인 하나쯤은 알아 두어야 한다. 왜냐하면, 무소불위의 종교인이기 때문이다. 목사, 신부, 스님. 이들은 법망과 별개의 선상에 놓여있다. 불가능을 가능으로 만드는 게 종교가 아니던가. 법의 사각지대에 있는 우리나라 종교, 일반인의 힘든 일을 척척 잘도 해낸다.

031. 사기

방귀가 잦으면 똥이 되고 거짓이 잦으면 (   )가 된다.
(   ) 는 사기

032. 생활의 지혜

아는 게 힘이다. – 지식과 지혜
모르는 게 약이다. – (고위층의) 비리

033. 병과 약

간염에 걸린 남자가 간장약과 술을 번갈아 먹자, 뱃속에 있던 간이 몹시 화가 났다.
"너, 계속해서 병(病)주고 약(藥)줄 거야!"

O34. 전인교육

대한민국의 전인교육이란? '전과목'을 잘할 수 있는 방도를 알려 주는 교육.

일선교사들도 인정하는 대한민국 내 고질병은? 입시병.

입시병의 치료약? 국민의 3대 의무인 국방, 납세, 교육 중 '교육'을 과감히 제거! (국방과 납세의무 불이행시 법적 처벌가능. 하지만 교육은 처벌대상 아님)

학벌주의 만연 사전 차단, 능력주의가 우선시 되어야 입시의 지옥인 입시병 치료됨.

O35. 가난한 자와 부자의 차이

가난한 자는 그저 정직하게만 산다. 부자는 (정직하게 살며) 융통성이 있다. 법 테두리 안에서 자유자재로 로비와 편법을 잘 활용한다. 부자는 부자들끼리, 가난한 자는 가난한 사람끼리 잘 논다. 부자는 힘 있는 사회 지도층과 잘 어울리지만, 가난한 자는 힘없는 서민들과 잘 어울려 세상을 한탄하며 자포자기에 빠진다. 부자의 수학공식과 가난한 자의 수학공식은 각각 $1+1 = 3$, $1+1 = 2$이다.

O36. 행복한 사람

세상에서 가장 행복한 사람 – 취미가 직업이 된 경우
예 : 노래가 취미였는데 인기가수가 되는 경우

세상에서 가장 불쌍한 사람 – 욕심이 한 없이 많은 이
예 : 목표점이 없는 경우

1억 벌기를 목표로 정해놓고 막상 1억에 도달하면 다시 2억을 목표점으로 잡는 경우… 이런 식으로 10억 이상의 목표점을 잡게 돼 결국, 평생 불행하게 살다가 저세상으로 간다. 만족이 없다보니 항시 얼굴에 수심이 가득 차 있다.

037. 오심

2006년 독일월드컵은 심판 오심으로 얼룩진 지졸한 대회였다. 한국과 스위스 전을 비롯해 크고 작은 오심 경기가 많았다. 특히 주심이 브라질과 가나 전에서 브라질 선수가 저지른 오프사이드 상태서 골 선언을 해 가나 감독이 주심에게 강력히 항의해 퇴장당하는 적반하장의 경우도 생겼다.

이에, 월드컵 오심에 대한 대책 하나를 들고 나온 축구전문가가 있었다. 스포츠 전문 기자가 이 사람에게 물었다.

"오심에 대한 대책이 무엇입니까?"

"'주심 퇴장제도'를 실시하는 겁니다."

오심이 잦은 심판은 축구장에 발을 들여놓지 못하게 퇴출시키자는 것이다. 오심이 한 차례인 경우는 옐로카드, 두 차례 때는 퇴출(레드카드)시키는 것. 퇴출은 축구장에 있는 축구팬들의 거수 등으로 찬반을 결정한다. 심판의 심판은 FIFA 회장 등 핵심인물들이 공

정하게 하면 된다.

O38. 일기예보관과 정치인

앞으로 어떻게 될지 모르는 상황에 대해 뻔뻔스런 작태로 자신 있게 언론을 통해 밝힌다. 하지만 결과에 대한 잘못을 뉘우치지 못하고, 인정 안 하는 게 관례화 되어 있다.
결국, 힘없는 국민에게 큰 피해로 돌아간다.

O39. 개

술만 마시면 개만도 못하다는 남편과 함께 사는 여자에게 정신과 의사가 물었다.
"왜 남편을 개만도 못하다는 거지요?"
"개는 죽일 수 있지만, 사람(남편)을 죽이면 살인자가 되기 때문입니다."

O4O. 뇌물

내가 하면 로맨스, 네가 하면 불륜 – 사랑
내가 하면 투자, 네가 하면 투기 – 부동산
내가 받으면 정치자금, 네가 받으면 뇌물 – 정치

O41. 깜짝 놀랄 일

아주 깜짝 놀랄 일이라고 호들갑을 떠는 친구가 있었다.
"어제 교통사고로 서울 시민이 5명이나 죽었데!"
이를 듣고 있던 또 한 친구,
"뭘 그게 놀랄 일이니!"
이번엔 정말로 놀랄 일이라고 또 호들갑을 떠는 친구,
"글쎄, 어제 서울서 성폭행 사건이 한 건도 안 터졌데!"
"오, 그건 아주 놀랄 일이군!"

O42. 북침

6.25 전쟁이 (남침이라는 주장과) 북침이라는 엇갈리는 주장도
있다. 이에, 궁금한 학생이 선생님에게 따지듯 물었다.
"선생님, 남침이 맞는 말인가요, 아니면 북침이 맞는 말인가요?"
"남침이 맞다."
"어떤 근거로 그렇게 자신 있게 말하는 겁니까?"
"자연 이치다. 물은 위에서 아래로 흐르는 법이다."
반기 드는 학생,
"분수(噴水)는 아래에서 위로 솟아오른다는 사실 모르세요!"

분수대는 자연이 아닌 사람이 만든 설비이다.

043. 공개

10억을 받고 CF촬영을 마친 인기스타의 기사를 읽고 있던 딸애가 몹시 부러워한다.

옆에 있던 아빠,

"그건 그 여자 돈이 아니야."

"어째서?"

"로또복권 1등 당첨되면 당첨자 공개하던?"

"아니."

"그런데 연예스타는 만방에 공개를 해대잖니… 각종 자선단체서 손 벌리기 좋지!"

연예 기자의 기사는 1~2%의 과장으로 포장되어 있고 그 포장을 독자는 믿으려 한다.

좋은 일(Show! Show!)하면 기자가 기사(PR) 써주고….

044. 국회의원과 개그맨

국회의원의 꿈을 갖고 있는 창수에게 담임선생님이 심각하게 물었다.

"넌 왜 정치를 하겠다는 거냐? 돈 때문이냐, 아니면 그 잘나빠진 명예 때문이냐!"

퉁명스런 말투에 발끈하는 창수,

"선생님! 저를 뭐로 보시는 겁니까! 전, 국민을 위해 희생하기 위해 정치인이 되겠다는 겁니다."

담임 : 개그맨이 더 낫겠다.

045. 금력

국회의원에 출마해 낙선한 남편이 아내에게 자신의 각오를 당차게 밝힌다.

"여보, 4년 후에 또 도전하겠어!"

노발대발 하는 아내,

"여보! 이번이 몇 번째인 줄 아세요!"

남편, 아내를 설득한다.

"이것 봐, 재수하는 우리 아들에게는 4전5기란 말을 쓰면서 정작 애비라는 사람이 아이에게 약한 모습을 보이면 되겠어."

아내 : 아이야 가능성이 크지만, 당신은 가능성이 없어요!

남편 : 왜 그렇게 생각해?

아내 : 아이는 실력이 있잖아요!

남편 : 난, 그럼 실력이 없단 말인가?

아내 : 실력은 있지만 금력(金力)이 없잖아요!

046. 지방 특산물

전라, 충청, 강원, 경상, 제주 등 8도에는 특산품이 꼭 있다.

특별시인 서울에도 특산품이 있다?

지방 사람들을 도시인으로 만들어 튀기 생산(?)

서울 + 전라, 서울 + 충청, 서울 + 강원

서울 + 경상, 서울 + 제주

O47. 부동산 거품

부동산의 '거품' = 지랄병

나중에 물거품. 물거품이 잦으면 결국 입에 거품 문다.
간질에 주의!

O48. 명심보감과 성경의 공통점

그 안의 내용대로 실천하면서 산다면 배고프게 될 수도 있다.
예 : 부동산 투기꾼, 다단계 사기꾼, 대기업 총수의 비리(회사 돈
빼돌려 비자금 조성, 분식회계 등)에 의해 생긴 불로소득 등.

O49. 종교의 이상한 점

일부 이중적인 생활을 하는 목사와 스님의 비리를 언론을 통해 익
히 알 수 있지만, 천주교의 신부와 수녀의 비리는 확인할 방법이 없
다는 것이다. 신부와 수녀도 인간인데 본의 아닌 실수가 없겠는가.
특히, 신부는 결혼을 안 해 여자가 그리울 텐데, 그 흔한 성폭행 사
건 한 번 없다.

아이러니한 점 또 하나는, 불교와 기독교(하나님)는 서로 앙숙처럼 지내지만 천주교(하느님)는 불교와도 친숙하게 비쳐진다.

O5O. 정직한 정치인

정직하고 괜찮은 정치인 찾기란, 요즘 젊은 여성 특히 20대 중반에서 30대 초반 미혼여성 중에서 처녀 찾는 격이다.

O51. 호사다마

호사다마란, 숫총각에게 여자 친구가 갑자기 많이 생겨 경제직(데이트 비용 등 경비와 잡비)으로나, 육체적으로 어려움에 봉착하는 경우를 말한다.

O52. 인간의 간사함

오래 살 수 있는 약 개발
  - 자신이 개발한 약을 시범적으로 시약함
고통 없이 자살할 수 있는 약 개발
  - 자신이 개발한 약, 시약 안 함

O53. 세금 폭탄

뉴스 자막을 보더니,

아이 : 세금 폭탄이 뭐야?

어른 : 북한이 보유하고 있는 폭탄보다 더 무섭단다. 가정을 초토
　　　화(풍비박산) 시키거든.

　납기 내 세금미납부시 차후에 돌아오는 연체료는 눈덩이처럼 커
져 가히 살인적이라 할 수 있다. 좀벌레가 종이를 갉아 먹듯 해 허탈
하고 허무하다.

　대한민국은 '세금공화국' 이다. 국민의 3대 의무 중에 하나인 납
세의무를 내세워 예산 수집의 '강력한 수단' 으로 애용한다.

　'…세'

　아무것에나 '세' 자만 붙여서 세금을 걷어낸다.

O54. 자연

　광신도 아내를 둔 남편은 괴롭고 피곤하다.

남편 : 어휴!

아내 : 하나님은 당신을 사랑합니다.

남편 : (화 + 화) 당신! 하나님과 바람 피웠어!

아내 : 어떻게 알았어?

남편 : 뭘?

아내 : 하나님이 자연이라는 사실을. (아내의 주장은, 자연 = 바
　　　람, 자연 = 공기, 자연 = 비…)

남편 : 천둥, 벼락, 우박, 태풍, 돌풍, 폭풍, 번개도 자연이니?

아내 : 아암~ 그런데 그건 왜 물어?

남편 : 사람이 벼락 맞을 확률은 몇 퍼센트지?

가정을 돌보며 예수를 믿으라는 남편의 간절한 바람이다.

055. 난센스

신라시대 대표적인 괜찮은 고자?
박혁거세 (거세)

056. 맥주와 부동산의 다른점

맥주는 거품이 빠지면 맛없지만,
부동산은 거품이 빠지게 되면 생명력 있는 맛이 난다.

057. 살인범

갑 : 살인 전과가 더 무서워, 아니면 사기 전과 3범이 더 무서워?
을 : 사기 전과가 더 무섭지.
갑 : 어째서?
을 : 살인범은 무기징역이나 사형에 처할 수 있지만, 사기 전과자
　　는 금세(무기징역이나 사형을 면할 수 있음) 나올 수 있잖아.

058. 정

1년 내릴 비가 한 달간 계속 내리면 위험천만하다.
1년 마실 술을 한 달간 계속 마시면 위험천만하다.
1년간 받아야 할 정(情)은 하루에 다 받아도 안 위험하다.

059. 지역감정

갑 : 지역감정이란 무엇을 의미하는 거지?
을 : 두 가지 측면으로 설명이 가능하지.
갑 : 두 가지?
을 : 응, 하나는 전라도와 경상도의 골 깊은 좋지 않은 감정의 대립 관계, 또 하나는 남한과 북한의 나쁜 감정의 대립 관계이지.
갑 : 그렇다면, 남북통일을 위한 선결 과제는 남한 내서 일고 있는 지역감정을 우선 풀어나가야 한다는 말이겠군?
을 : 응.

남한 내 동서로 분단된 모양새는 북녘 동포에게도 좋지 않은 광경이다. 국내서 일고 있는 지역감정부터 풀고 나서 남북의 분단 문제를 푸는 게 순서다. (개인의 감정이 커지면 지역감정으로 확대됨)

O6O. 연극

연극의 3요소 - 무대, 관객, 대본
정치인의 3요소 - 무대(의사당), 관객(국민), 대본(공약사항)

O6I. 지상 최대의 인물

초등학교 아이들에게 담임선생님이 '위인전을 읽고 느낀 점을 써 오라'고 숙제를 내주었다. 일주일 후, 세 명의 아이들이 대표로 뽑혀 발표할 시간이 되었다.

반장이 발표하기 시작한다.

"용맹스런 정신력을 바탕으로 저도 이순신 장군처럼 발 빠르게 살겠습니다."

반장은 난중일기를 속독한 것이다.

부반장 차례,

"우리의 말을 사랑하고 과학에도 신경 쓰면서 이 세상을 지혜롭게 살 겁니다."

부반장은 세종대왕 위인전을 속독한 것이다.

이 반의 말썽꾸러기 청소반장 차례,

"졸려서 혼났습니다."

담임은 청소반장에게 분필 세 개를 한꺼번에 던진다.

"뭐야! 지금 장난 하냐!"

"(푸념) 에이 씨~ 괜히 엄마 말 듣다가 이게 뭐람~"

청소반장은 성경책을 속독으로 읽다가 잠이 들었던 것이다.

062. 비밀번호

한 성도가 헌금을 신용카드로 했다. 카드 안에는 2천만 원이 들어 있었다.

전도사 : 성도님, 카드로 헌금을 하지 마세요.

성도 : 왜요?

전도사 : ! + ! + !

비밀번호를 모르는 전도사는 얼굴을 붉혔다.

063. 대통령

1982년 이후에 탄생한 젊은 친구가 어른께 여쭈었다.

"김영삼 전 대통령은 무엇을 만들었나요?"

"문민정부, 군사정권이 종식되면서 자유가 약간 보였지."

"김대중 전 대통령 시절은 어땠죠?"

"국민의 정, 북한의 인민(국민)에 신경 썼어."

"노무현 시절은요?"

"참여정부."

"그렇다면, 그 전의 대통령 임기 땐 무슨 정부였나요? 그땐 정부 와 국민이 없었나요?"

"응, 대통령이 있었지."

064. 튀기

국제결혼에 대해 아이가 어른께 묻는다.
"미국인과 한국 사람이 결혼하면 뭐라고 하지요?"
"튀기."
"북한사람과 남한사람이 결혼하면?"
"그것도 튀기!"

미국인과 한국인의 결혼(겉모양이 튀기)
북한사람과 남한사람의 혼인(사상이 튀기)

065. 신

김정일은 북한에서 신(神) 같은 존재(영구적)
우리나라 대통령은 남한에서 신(신발) 같은 존재
(보통, 운동할 때만 신는 신발의 수명은 4~5년)

066. 정치인의 명예

돈을 잃으면 적은 것을, 명예를 잃으면 많은 것을, 건강을 잃으면 인생 전부를 잃는 것이다. – 평민
건강을 잃으면 적은 것을, 명예를 잃으면 큰 것을, 돈을 잃으면 인생 전부를 잃는 것이다. – 재벌 총수
돈을 잃으면 큰 것을, 명예를 잃으면 아주 큰 것을, 표밭을 잃으면

인생 전부를 잃는 것이다. - 정치인

067. 인(忍)

참을 인(忍) 셋이 모이면 살인을 면하고,
'할 수 있다' 셋이 모이면 자살을 면할 수 있다.

068. 확률

대한민국이 월드컵에서 우승할 확률 〈 로또복권 1등 당첨확률
(실력도 실력이지만 로비할 수 있는 로비자금이 안정해져 있고,
월드컵은 4년마다 열리지만 복권은 자주 구입할 수 있어 기회가 많다)

069. 아이러니

태어난 사람의 수 〉 죽은 사람의 수
(탄생 방법 : 엄마 자궁에서 탄생,
죽는 방법 : 교통사고 등 각종 사고를 비롯해 자살과 타살 등 셀수 없을 정도로 다양함)

070. 스트레스

건강에 대해 아이가 어른께 묻는다.

아이 : 스트레스는 어떤 특성이 있어요?

어른 : 스트레스는 만병의 근원이지.

아이 : 그렇다면, 정신병자는 병 안 걸리겠네요?

어른 : 정신병도 병이야. 남에게 스트레스 주는 고질병!

O71. 자세와 권리

있는 자들의 자세와 권리 - 유전무죄, 전관예우

일반 서민의 권리 - 성실, 근면

O72. 혀

사람의 혀로 사람을 죽일 수 있다.

('너를 죽여 버릴 거야!')

O73. 돈과 글

잘 써야 한다.

잘못 쓰면 다치거나 죽는 경우도 있다.

O74. 식욕과 배설욕

식욕도 중요하지만 배설욕, 즉 쾌변 또한 중요시 된다.

일반적인 아침인사, "아침식사 하셨어요?"

이례적인 아침인사, "아침 쾌변 보셨어요?"

O75. 명언

뭉치면 살고 흩어지면 죽는다. – 이승만
뭉치면 죽고 흩어지면 산다. – 근육과 피

O76. 짐승과 인간의 차이

직업의 유무(모든 짐승은 실업상태. 인간에 의해 직업 유무 결정)

O77. 기도

예배 중에 건강이 안 좋은 장로가 성도 앞에서 대표기도를 하다가 갑자기 기도가 막혔다. 평소, 지병을 앓고 있는 장로인지라 담임목사가 걱정되어 119 구급차를 부르라고 다른 교역자에게 소리를 지르고 호들갑을 떨었다.

그러자 장로는 정신을 가다듬고 목사를 나무란다.

"왜 이리 난리입니까!"

목사가 장로의 얼굴을 들여다보며 물었다.

"병 때문에 기도를 중단 하신 거 아닌가요?"

장로는 한쪽 구석에 놓여있는 애꿎은 선풍기를 욕한다.

"기도가 중단 된 것은 다 저 선풍기 때문이요!"

믿음이 강하지 못한 장로는 선풍기 바람에 날아간 기도문 때문에 망신을 당했던 것이다. 기도란, 마음이다. 억지로 만든 기도는 기도가 아니다.

O78. 법

사기 친 목사를 목격한 아이가 인상을 쓰며 집사인 엄마에게 물었다.

"왜 목사가 성경말씀대로 안살아?"

엄마의 반문에 아이는 충분히 이해했다.

"국회의원이 헌법을 100% 지키디?"

O79. 지하철 조심

아내가 출근하는 남편에게 일러준다.

"지하철 조심해."

지하철은 버스와 다르다. 단순히 차 조심으로 끝나면 안 된다. 지하철 승차시 유의사항(안전사고 보다 더 중요한 몇 가지).

- 각종 호객 행위
- 전도(광신도)
- 성 피해(가급적 여성에게 접근하지 말 것, 친고죄)
- 불우이웃 돕기
  ⋮

이와 같은 것에 다투고 시비 걸지 말아야 한다.

이들을 상대로 말로는 도저히 못 당한다.

080. 역사왜곡

한일 국제결혼을 한 사람이 있다. 신랑은 한국인, 신부는 일본인이었다.

기자가 신랑에게 물었다.

"신부의 어디가 맘에 들었나요?"

"독도가 대한민국의 땅이라고 크게 인정을 하더군요."

이번엔 신부에게 물었다.

"신랑의 어느 부분이 맘에 들었나요?"

"1919~1945, 36년간의 식민지 과거사를 자신 있게 인정하더군요."

"식민지라고요?"

"네, 저도 36년간 주도권을 가지고 생활을 강점할 겁니다.

081. 공산주의

김정일이 남한의 유명 탤런트와 바람을 피워 쌍둥이를 낳았다.

작명소에 가서 이름을 짓기로 했다.

작명가는 한참을 고민한 끝에 각기 이름을 지었다. '김삼풍' 과 '김성수' 였다. (공산주의는 꼭 무너져야 한다는 의미)

주 : 삼풍백화점과 성수대교

082. 슈퍼맨

아이가 하나님에 대해 엄마에게 물었다.
"하나님이 뭐야?"
"하나님은 슈퍼맨과 같다."
"어째서?"
"우리 곁에 항상 있으니까."
"엄만, 슈퍼맨을 실제로 봤어?"
"아니, 영화에서만 봤지."
"하나님은?"
"영화에서~"

083. 공직자들

공무원, 교사, 기자, 경찰의 공통점? 근무시 이것과 더불어 산다.
항시 옆에 있는 것은?

답 : 촌지(소액이라도 안 받아 본 사람 없다)
천연기념물(소액이라도 한 번도 안 받아본 사람)이 극히 드문 대
한민국 공직사회다.

O84. 부동산 사기업자

사이비 부동산 업자로부터 강원도 미개발 오지를 매입한 김모 씨. 폭우로 인해 매입한 임야가 무너져 내려 자신의 땅이 없어졌다고 업자에게 따졌다.

"이게 어떻게 된 거지요! 이 정도의 비에 땅이 꺼지다니 말이 됩니까!"

업자는 김 씨를 진정시킨다.

"땅이 움직였다는 것은 지가의 이동이 커지는 걸 의미합니다. 가파른 산이 평지로 됐기 때문이지요. 부동산이 동산이 됐잖아요. 오히려 더 좋아지는 거니까 저에게 수고비를 줄 판 입니다."

부동산의 특징 중 하나는 이현령비현령(코에 걸면 코걸이 귀에 걸면 귀걸이. 업자의 마술에 순간적으로 넘어간다)이다.

O85. 입조심

아이가 엄마의 얼굴을 쳐다보며 물었다.

아이 : 귀와 눈, 콧구멍이 두 개인 이유가 뭐야?

엄마 : 혼자면 심심하고 쓸쓸하잖아.

아이 : 그런데 왜 입은 하나야?

엄마 : 두 개 있으면 서로 의견충돌이 심하거든.

O86. 교회당, 성당, 사찰, 국회의사당의 공통점

• 무소불위(힘이 대단히 세다); 종교의 자유는 헌법에 명시되어
있고, 국회에서 법을 새로 생산해 만든다.
• 말이 많은 곳
• 돈(?)이 많은 곳
무소속 정치희망자는 있어도, 종교 없는 정치인은 거의 없다.

O87. 국민은 세금

산입새해에 직접 영향을 받은 근로사들이 있나.
근로자 1 : 대통령은 위험수당 없나?
근로자 2 : 위험수당이라니?
근로자 1 : 테러에 대한 위험수당!
근로자 2 : 있지.
근로자 1 : 정말?
근로자 2 : 국민의 세금이 있잖아.

O88. 사랑(?)

사랑은 사기(詐欺)다.
사랑은 위험하다.
(말 한마디로 모든 게 용서될 수 있다)
죄 ≒ 사랑

O89. 연기

탤런트 꿈을 갖고 있는 딸이 엄마와 대화중이다.
"인기 스타들의 이혼율이 왜 높은 거야? 성격 차이가 심해서 그럴까?"
"아니야, 시도 때도 없이 연기(演技)를 해대서 그런 거야."

O90. 인간과 짐승

태풍과 장맛비에 의해 잘 기르던 가축이 급물살에 떠내려갔다. 돼지, 닭, 소 등…. 수해 복구현장에 119 구급대가 급파, 가축들을 구하고 있었다.
아이가 이런 현상에 대해 매우 궁금해 했다.
아이 : 엄마, 저런 가축들은 인간에 의해 곧 죽을 텐데(먹힐 텐데) 왜 구하려 드는 거야?
엄마 : 너도 어차피 죽을 텐데 뭐 하러 밥 먹니!

O91. 땅 투기꾼

전쟁하는 자들은 부동산 투기꾼이다.
무기를 만드는 이유 – 전쟁을 하기 위해
전쟁의 목적 – 영토 분쟁
 • 땅 투기꾼

092. 명언

작곡가 : 인생은 짧고 예술은 길다.
알코올중독자 : 인생은 짧고 술은 길다.

093. 난센스

자유기고가(프리랜서)가 좋아하는 사자성어?
'기고만장'
〈기고(寄稿)한 원고가 자그마치 1만장〉

094. 포상금

역대 올림픽과 월드컵대회 나갔던 스포츠 스타가 한자리에 모였다. 전직 스포츠 기자가 한자리에 모인 스타들에게 똑같은 질문을 했다.
"왜 올림픽이나 월드컵에 나갔지요?"
거의 대답이 같았다. 국위선양이 목적이었다는 것이다.
전직 기자의 실망이 컸다. 거짓말에 가까운 대답이었기 때문이다. 하지만 그중에서 솔직한 대답이 나와 그나마 한자리 모임이 무의미하지 않았다.
"돈 벌려고 나갔습니다. 엄마 고생 그만 시켜드리려고요."

만약, 포상금이 없다면 올림픽이나 월드컵대회에 나갈 자 얼마나 되겠는가.

O95. 딸의 귀가 시간과 도로교통법

지켜야 한다. 안 지키면 사고 생긴다. 안 지켜지기 때문에 날로 느는 게 성범죄율과 교통사고율이다.

O96. 양보

요즘 대부분의 젊은이들, 양보란 무엇인지를 잘 모르는 것 같다. 지하철을 타보면 여실히 증명된다. 어르신이 젊은 사람 앞에 힘들게 서 있는 광경을 보기란 그리 어렵지 않다.

하지만 요즘 젊은이답지 않게 어르신만 타면 지하철에서 벌떡 일어나는 여대생이 있다는 소식이 사회부 기자 귀에 들렸다.

기 자 : 가정교육을 잘 받았나요?
여대생 : 나~참!
기 자 : 지하철 타면 어르신을 위해 자리를 비어드린다고 들었습니다.
여대생 : 기자님은 냄새나면 안 피해요?

O97. 백그라운드

실력은 뒷전이고 배경이 좋은 대학 졸업예정자가 한 기업에서 면접 중이다. K대 졸업예정자의 성적증명서를 보며 면접관인 인사부장이 물었다.

"자넨, 뭘 믿고 우리 회사에 입사를 결정한 건가?"

"귀사, 상무이사가 제 백부 되십니다."

"합격!"

면접관이 또 한 명의 K대 졸업예정자의 성적증명서도 보았다.

"자넨, 뭘 믿고 우리 회사에 입사를 결정한 건가?"

"귀사, 전무이사가 제 고모부 되십니다."

"합격!"

D대 졸업예정자에게도 똑같은 질문을 던졌다.

"왜 우리 회사에 입사원서를 냈지?"

"저희 아버님을 굳게 믿고 제출했습니다."

"우리 회사 임직원이신가? 이름이 뭔가?"

"하나님입니다."

"불합격!"

098. 술과 돈

욕심내면 더 욕심낼 수 있으니 적당한 게 좋다.

적당한 음주는 대인관계를 원만히 할 수 있고, 혈액순환에도 좋다.

적당히 돈 있는 사람들이 사회 봉사한다. 재벌 총수가 좋은 일 하는 것은 별로 없다.

O99. 펜과 혀

총 〈 펜

암 〈 혀

딸 : 엄마, 총보다 펜이 더 강하고, 암보다도 더 무서운 게 혀라는
    사실이 맞는 말이야?

엄마 : 그렇지, 지식이 무기를 크게 앞설 수 있단다.

딸 : ……, 그런데 암보다 왜 혀가 더 무서워?

엄마 : 말 한마디로 사람을 죽일 수 있거든. 너보고 못생기고 뚱
    뚱하다고 솔직하게 말해주면, 넌 곧바로 투신자살할 거다.

100. 음주운전과 졸음운전

도로교통 안전공단에서 면허증 소지자를 위해 교육하고 있었다.

강사 : 졸음운전과 음주운전은 남에 생명을 앗아가는 반인륜적
    행위입니다.

이때 한 여자가 손을 들었다.

여자 : 졸음운전과 음주단속의 차이가 뭔가요?

강사 : 아가씬, 술 마시면 졸리지 않나요?

음주운전은 사전 단속이 가능하나, 졸음운전은 사전 단속이 불가
능하다.

101. 하나님과 하느님

아이 : 스님이 뭐하는 사람이야?

엄마 : 부처님의 삶을 따라가는 사람.

아이 : 목사님은?

엄마 : 하나님의 삶을 따라가는 사람.

아이 : 신부나 수녀님은?

엄마 : 하느님의 삶을 따라가는 사람.

아이 : 하느님은 뭐고, 하나님은 또 뭐야?

엄마 : (우물쭈물) 일란성 쌍둥이다!

102. 교회의 목적

한 신학대학에서 교수가 학생들에게 '교회에 나가는 목적'을 심각하게 물었다.

"하나님께 영광" "하는 일 잘되게 기도하기 위해" "하나님 만나러" "예쁜 여자 만나러" 등 대답이 다양했다.

오늘날 교회의 문제점은 교회 나가는 목적이 셀 수 없을 정도로 많다는데 있다. 교회에 나가는 목적이 하나(하나님께 영광 돌림)가 될 때 세상이 제대로 돌아가리라.

103. 권력

소설가 – 글로 여러 인생을 간접적으로 살 수 있다. 잘만하면 돈
　　　많이 벌 수 있다.
연극배우 – 연기로 여러 인생을 간접적으로 살 수 있다. 잘만하면
　　　돈 많이 벌 수 있다.
대통령 – 권력으로 여러 인생을 간접적으로 살 수 있다. 잘못해도
　　　안정된 수입이 보장된다.

104. 자서전

권좌에서 물러난 다선 정치인이 자서전출간기념회를 호텔에서 열
었다. 자사전을 완독한 기자의 질문이 이어졌다.
"의원님께서 글 솜씨가 이렇게 대단한 줄은 미처 몰랐습니다. 책
내용 중, 의원님의 삶에 있어 가장 성공한 때가 20대 후반의 문학청
년 시절이라고 써 놓으셨는데요. 그 당시 어떤 문호를 좋아하셨고,
좋아했던 이유도 듣고 싶군요. 상세하게 말씀해 주십시오."
기자의 날카로운 질문에 정치인은 인상을 쓰며 말한다.
"그 사람이 미국에서 돌아오면 상세히 알려주리다."
"네? 그 문호가 아직도 생존해 있단 말인가요?"

자신의 자서전을 크게 이해 못한 이 정치인, 정작 본인은 미처 다
읽지 않은 듯하다. 대필자가 미국에 갔으니 시원한 대답이 힘들었던
것이다. 분명코, '자서전 = 소설'이 아닌데도 불구하고 일부 유명

인사들은 자서전을 누구에게 대필시켜 과대 포장을 한다.

105. 겸손과 미덕

과년한 딸이 아버지에게 급하게 휴대폰으로 전화를 해 호들갑을 떨었다.

"아빠, 빅뉴스야, 빅뉴스!"

"빅뉴스?"

"아빠, 내가 드디어 결혼할 남자가 생겼어."

"정말?"

"그런데 좋은 소식과 나쁜 소식이 있어."

갑자기 아버지의 목소리가 낮아진다. 실망한 기분인 듯하다.

"좋은 소식을 먼저 말해보렴."

"좋은 소식은 그가 돈이 많은 갑부라는 사실이고, 나쁜 소식은 그 남자가 아주 못생긴 추남 중에 추남이란 사실~"

아버지는 많이 실망한 목소리로 답변했다.

"난, 그 반대 같다. 돈 많은 게 나쁜 소식이고, 못생긴 게 좋은 소식 같다."

대부분 돈 많은 사람들은 시건방지다(돈 없는 사람을 우습게 보는 경향이 있다). 못생긴 사람은 겸손하다(잘 생긴 사람은 너무 자신만만한 것 같다).

겸손은 미덕이지만, 교만은 '악덕'이다. 겸손한 사람은 '미덕업자'이고, 교만한 자는 악덕업자로 비쳐진다.

106. 공익근무요원의 수난시대

지하철 안, 한 종교인이 승객을 상대로 전도를 열심히 하고 있을 때 공익근무요원이 접근한다.

"이건 불법입니다."

공익근무요원이 범칙금 부과용지를 내밀자, 종교인의 악담이 곧바로 이어진다.

"사탄아, 물러가라!"

현역 복역자보다 공익근무요원은 싸움을 잘해야 한다. 지하철 잡상인 단속 때 범칙금 부과 요구할 때 항상 시빗거리가 되기 때문이다.

지하철 잡상인들은 '막가는 인생' '막차를 탄 인생' 들이 많아 공익근무요원에게 위험천만하다. 잡상인과 공익근무요원은 마치 악어와 악어새의 모습이다.

공익근무요원은 무자비한 언어폭력에도 시달리고 있어, 어느 면에서 보면 최전방보다 더 위험에 노출되어 있다. 답답하다 못해 실수(탈영?)하는 공익근무요원도 발견되는 게 현실이다.

107. 국가와 사회

주부가 정신과 의사와 상담 중이다.

주부 : 머리가 너무 아파요. 부모님의 건강, 아이의 내신, 남편의 승진, 날로 느는 저의 뱃살….

의사가 말을 가로 막는다.

의사 : 그런 생각만 하니까 아프지요.

주부 : 네?

의사 : 국가와 사회에 대해선 조금도 걱정거리가 없단 말인가요?

108. 돈세탁

아이가 어려운 질문을 던진다. '애어른' 같다.

아이 : 엄마, 돈세탁이 도대체 뭐야?

엄마 : 공부는 안 하고 왜 그런 걸 물어!

아이 : 숙제란 말이야.

엄마 : 네 담임이 더 잘 알 텐데~

아이 : ……, 그런데 왜 나에게만 숙제를 내주는 거지?

엄마 : 절대 실망마라. 특별히 너에게 '개인교습' 해주는 거다.

촌지 안 받는 교사와 받는 교사의 정확한 비율을 알고 싶다. '돈 세탁'만 없다면 정확한 통계수치가 나올 텐데.

109. 역사와 압력

아이는 세계역사 공부에 열중이다. 이해 위주로 공부 중이다.

아이 : 엄마, 우리나라 역사는 얼마나 돼?

엄마 : 5천 년 정도 되지. 미국보다는 훨씬 오래된 국가란다.

아이 : 어휴, 무지 길다. 그런데 왜 아직까지도 우리 집 하나 없

어.

엄마 : 집이라니?

아이 : 아직 전세에 살고 있잖아. 미국이 남과 북으로 전세 준 거
아니?

우리는 아직 전쟁 속에 살고 있다. 휴전선이라고 부르지 않던가.
휴전은 분명 전쟁이 아직 안 끝난 상태, 잠시 쉬는 것을 말한다. 독
립국가처럼 보이는 '비독립국가'인 우린, 집주인(미국)의 눈치보고,
집주인과도 전쟁 중이다. 통상압력이 바로 그것!

대미 무역전쟁과 한국 전쟁이 다른 점은 무기의 유무일 뿐….

110. 도서관

아이 : 미국은 도서관에 전직 대통령 이름이 새겨지는데, 왜 우리
나라는 전직 대통령의 이름이 도서관에 안 올려져? 전두환, 노태우
이런 사람 말이야.

엄마 : '전두환 도서관' '노태우 도서관'이라고 됐다 치자, 도서
관이 마치 옛 서대문 형무소(교도소)처럼 들리지 않을까? 도서관 안
에 책 대신 뭘(?) 비치해 놓느냐, 그것도 문제겠지.

2장

뼈 있는 유머

유쾌한 웃음은 우리를 행복하게 만든다.

웃음은 좋은 화장이다.

웃음보다 우리의 얼굴 모습을

밝게 해주는 화장품은 없다.

그리고 웃음은 생리적으로도

피를 잘 순화시켜주니 소화도 잘되고

혈액순환도 물론 잘된다.

111. 우리나라 재벌가의 특징

1. 연예인과 친하다.   4. 분식회계와 족벌체제

2. 정치인과 친하다.   5. 비리가, 비리가 아니다.

3. 연예인이 며느리로 들어간다.

7,80년대서 지금까지 : 정치인과 매우 친하게 지낸다.

8,90년대 : 연예인과 친하다. 정치인과 매우 친하다.

최근 : 연예인이 며느리로 들어간다. 정치인과 매우 친하다.

112. 당선 방법

학년 초, 고3 학생 두 명이 담임선생님과 진학상담 중이다.

담임 : 년 뭐에 자신 있냐?

아이 1 : 시 쓰기를 좋아합니다.

담임 : 그럼, 국문학과에 진학하고, 계속해서 아무거나 마구 읽어
      라.

(아이 2에게) 년 뭐에 관심이 많으냐?

아이 2 : 전, 정치에 관심이 많습니다. 정치학과에 갈까요?

담임 : 아니다. 연극영화학과에나 가라.

아이 2 : 아아, 정치는 쇼! 연기를 통해 쇼맨십을 마스터하란 뜻
      이군요.

담임 : 아니다. 국회의원에 당선되기 위해선, TV에 나가야 한다.
      탤런트가 되든지, 아나운서가 되든지~ 아나운서나 앵커

(맨)가 출마해서 당선될 확률은 거의 100퍼센트다.

우리 정치가 후진성을 면치 못하는 이유는 유권자 수준이 낮다는 것이다. 인물과 이데올로기를 보기보단 TV에서, 또는 어디서 본 듯한 '유명인'을 급히 '선발' 한다. 시각적이고 즉흥적인 선택이다. 이러니 정치 발전을 기대할 수 있겠는가.

113. 고령화

고령화 시대를 맞아 지하철 경로석이 부족하다.
제안 : 1량을 노인(전용)킨으로 전부 사용(지하철 1호선 여성진용 칸처럼)

노인 인구가 부쩍 늘었다. 지금도, 앞으로도 더 늘 것이다. 출근시간에 무임승차 하는 노인이 많다. 복지관으로 출근(?)하는 것이다.

114. 국가보안법, 도로교통법

들키지(만) 않으면 된다. 들켜도 암암리에 용서가 가능하다.
자칫 잘못하다가 소중한 생명을 잃을 수 있으며, 법에 억울하게 하소연 하는 경우도 다반사로 일어나고 있다. 억울하게 감옥에 간 사람이 많다.

115. 동의어

'미군철수'와 동의어 - '자주독립'
'역사왜곡'과 동의어 - '일본새끼'

116. 헌혈차

헌혈차가 길을 지나던 창수의 발길을 가로막고 손을 아주 힘껏 붙잡는다.

"총각, 헌혈 좀 하고 가세요."

"지금 급하게 갈 데가 있습니다!"

"헌혈하고 가시면 되잖아요. 금방 끝나거든요."

급기야 깊은 실랑이를 벌인 끝에 창수가 화를 버럭 내기에 이르렀다.

"나 죽으면 당신이 책임질 수 있어!"

"헌혈한다고 죽어요! 헌혈은 오히려 건강검진을 할 수 있어요."

창수가 화낸 이유는 충분히 있었다.

선천적으로 신장이 안 좋은 창수는 수혈을 받기 위해 병원 가던 중 붙잡힌 것이다.

117. 지휘자

명지휘자에게 기자가 질문했다.

"어떻게 명망을 떨칠 수 있는 지휘자가 될 수 있었나요? 악기의 특징을 잘 알고 있나요?"

"물론 악기의 특성도 중요하지만, 연주자들의 특성 또한 매우 중요하답니다. 연주자 개개인이 가지고 있는 특성과 장단점을 잘 파악해야 합니다."

지휘자는 가장 중요한 부분을 밝힌다.

"여러 명의 연주자들이 저의 단점을 꼬집어 모니터 해줄 때 귀를 크게 열고 경청하고 실행에 옮깁니다."

대통령도 일국의 지휘자, 연주자인 국민들의 따가운 쓴 소리도 경청할 줄 알고 이를 실행에 옮겨야 할 줄 안다.

지휘자 = 연주자 1 + 연주자 2 + ⋯ + 연주자 10 ⋯⋯ (×)

지휘자 + 연주자 1 + 연주자 2 + ⋯ + 연주자 10 ⋯ = 훌륭한 음악 (○)

118. 공부 방법

대입을 앞두고 있는 상철이가 엄마에게 물었다.

"엄마, 공부 잘하고 싶은데 어떻게 해야 돼?"

엄마는 확실한 방법을 하나 알려주기 위해 서점을 데리고 갔다. '공부 방법'에 대한 책을 보여 준 것이다. 1년이 지난 후, 상철이는 성적이 더 나빠졌다.

그 이유는 단순한 성격의 소유자 상철이가 서점에 꽂혀 있는 각종 참고문헌을 포함한 '공부 방법'에 대한 책을 약 100여종을 수집, 1

년간 그것만 독파한 것이었다. 정작 시험과목 공부에는 손도 못됐다. 시간이 부족했기 때문이다. 공부 방법에 대해서만 장장 1년간 공부한 결과다.

공부 방법은 남의 사례만 따를 수 없는 주관성도 포함되어 있다. 자기 수준과 위치와 적성에 맞는 공부 방법이 필요하다. 지능지수 100도 안 되는 학생이 지능지수 120 이상의 학생의 공부 방법을 '공부' 한들 그 무슨 소용이 있겠는가.

119. 고향

세상에 태어난 곳은 한 곳이며, 저세상으로 가는 곳은 여러 군데이다. 엄마의 자궁에서 나와 죽을 땐 흙에 묻히거나 화장 또는 실종된다.

아이보고 "너 어디서 태어났니?" 하고 물으면, 아이는 "모른다"거나 "병원에서 태어났데요"라고 말한다.

하지만 분명, 엄마의 자궁에서 태어났다. 엄마의 자궁이 병원으로 옮겨지거나 병원으로 옮기던 중 분만하는 것이니까… 따라서 엄격히 따지면 모든 이의 고향은 자궁이다. 그러므로 이제부터는 지역감정, 특히 영호남의 지역감정이란 사자성어는 없어질 수 있다. 세계인을 포함한 우리는 고향이 같기 때문이다.

"니 고향 어디꼬?"

"당신 고향 어디요?"

장차 이런 유치한 질문은 없어져야 한다.

120. 역대 대통령의 신체적 특징

이승만 – 언어장애, 최규하 – 비만(178cm, 100kg)
전두환 – 대머리,   김대중 – 다리 장애
노무현 – 인공눈(부인과 함께 쌍꺼풀 수술함)

121. 자살

한강다리 난간에 두 중년남자가 섰다. 둘 다 자살하기 위해서다.
남자 1 : 당신은 왜 자살을 하는 거요?
남자 2 : 퇴직금으로 주식투자 했다가 다 깡통 돼버렸어요. 2억
         날렸소! 당신은 왜 자살을 하는 거요?
남자 1 : 퇴직금으로 땅 투자했다가 사기꾼에게 당했소! 등기도
         안 내주고 도망쳤소! 난 1억 날렸소!
침묵이 흐른 후, 다시 대화하는 두 사람.
남자 2 : 사실, 난 부동산 전문가요. 내가 비법을 알려주리다. 아
         마 재기에 많은 도움이 될 거요.
남자 1 : 그래요? 사실, 난 주식전문가요. 내가 비법 하나 알려줄
         게요. 아마 재기에 도움이 될 거요.
둘은 자살을 포기할 수밖에 없었다.

122. 좌우명

"생활신조, 좌우명이 인생을 바꾼다"는 사실을 잘 알고 있는 상철

이가 현대사 인물들의 개개인 좌우명을 알아보러 전국을 떠돌고 있다. 자신의 생활신조를 찾기 위해서다.

부모님이 말려도 매일 고서와 구전을 통해서 유명인들의 좌우명을 알아보러 다닌다. 성실, 근면, 바른생활… 등 많은 말들이 나돌았다. 드디어 돌아다닌 끝에 결론이 났다.

유명, 성공인들의 좌우명과 생활은 반비례 한다는 사실이었다.

예로서 '성실' 이면 '비성실', '바른생활' 이면 '비바른생활' 이었다.

결국 상철이는 좌우명 없이 살아가기로 맘먹었다. 좌우명은 '구호'에 그치는 경우가 허다했기 때문이다. 예로서 가훈, 급훈, 사훈 등.

재벌총수를 만났다.

기자 : 회장님의 좌우명이 있다면?

회장 : 희생과 봉사입니다.

123. 출판과 출반(음반)

누구나 낼 수 있다. 돈만 대면된다(대필 가능, 기계조작 가능).

기념적인 성격이 강하다(여유 있는 자들의 '신선놀음').

히트작은 극히 적다. 낭비가 심하다. 사장돼 없어지는 경우가 많다. 인터넷 매체 때문에 사양산업화 되어 지고 있다.

주의사항 : '당신도 작가가 될 수 있습니다. 원고모집

'당신도 가수가 될 수 있습니다. 스타모집

창수가 인터넷상에서 광고 하나를 발견했다. '원고모집'

원고를 이메일로 우선 보낸 후 결과 통보를 기다렸다. 하지만 보름이 지나도 연락이 없었다. 할 수 없이 전화를 걸어 문의해 보았지만 역시 예상한 대로 실망뿐이었다.

"워낙 출판계 경기가 안 좋아서… 자비로 한 번 내보시죠?"

"자비?" 창수는 급히 국어사전을 찾아보았다.

자비(自費), 자비(慈悲)

124. 특별사면

정경유착 비리에 의해 구속 수감된 파워 있는 자들은 여유 있다. '특별사면'이 있기에 그렇다. (특히 3월 1일, 8월 15일을 손꼽아 기다린다)

정경유착 = 특별사면 = 유전무죄 = 거대한 '쇼'

특별사면은 법치국가의 악법! 특권층의 전유물인 특별사면은 일반범죄인과는 별개다.

125. 양심

대기업에서 최종 선발된 신입사원에게 1차 연수로 특이한 방법을 취했다. 지하철에서 물건을 팔아보라는 것이었다. 용기와 대담성을 테스트 하겠다는 대기업의 의지다.

결과는 당일 오후에 나와 확인이 가능했다.

어떤 사람은 1개, 다른 사람은 2개, 또 다른 사람은 3개… 이런 식으로 천차만별이었다.

그 중 유독 1개의 물건도 팔지 못하고 오히려 범칙금 스티커만 무려 20여개를 떼어온 사람이 있었다. 아이러니한 점은 대기업 인사부장의 처사, 이 사람을 '성실 맨' 으로 추대한 것이다.

이 사람을 다른 사람과 달리 양심적이라고 평가한 것은 다른 사람들은 1개 또는 2개 팔고 놀았거나 쉬었기 때문이다.

(양심과 성실이 포함된) 과정 〉(실적 위주의) 결과

'요령피우기' 는 '결과지상주의' 에서 파생된 관습. 그래서 위험하다. 차후에 정도(正道)보다는 지름길(편법)을 선택하기 때문이다.

126. 정치

S대 정치학과 신입생에게 교수가 간단한 시험문제를 냈다. 광범위한 내용이었다.

문제) 정치란 무엇인가?

두 학생의 답이 특이했다.

한 학생의 답 ; 정치 = 문화 + 사회 + 경제 + $\propto$

또 한 학생의 답 ; 잘 모르겠다. 앞으로 알고 싶지도 않다.

〈사랑과 정치의 공통점〉

알면 알수록, 깊이 들어갈수록 바다 한가운데 같아 위험하다. 한번 들어가면 빠져나오기 힘들다는 말이다. 중독성이 매우 강하다.

마치 알코올 성분 같아서….

127. 성공

'성공한 사람의 50가지 습관' 이라는 책을 읽고 난 한수가 불만이
다. 별 도움이 안 돼서다. 따지기 위해 출판사에 전화를 했다.
"무슨 내용이 이래요!"
출판사 사장은 예상과 달리, 불친절하지 않고 솔직한 답변을 했
다.
"성공한 사람은 솔직히 고백 안 합니다. 그 반대로 사세요."

성공한 사람은 욕심이 많다. 모든 사람들이 돈이고 적(경쟁 상대)
이다. 경쟁을 즐긴다. 몇 십 년에 걸쳐 터득한 자신만의 노하우를 함
부로 발설 안 한다. 예로서 정치인과의 비밀리 교섭(?) 갖는 방법
등.
출판사의 의도, 재벌총수의 출판 목적을 빨리 터득하는 길밖에 달
리 방법이 없겠다.

128. 다이어트회사와 부동산투자회사

달콤한 말에 주의!
"책임 감량이나 1년 새 1~2억 수익 보장한다"는 말.
소비자가 피해자로 돌변하는 경우 많다. 예로서 원가 2만 원짜리
다이어트 식품이 20만 원으로 돌변하고, 원가 1만 원짜리 땅 한 평

이 20만 원으로 돌변하는 사례가 많다.

업체는 소비자의 날씬해지고자 하는 욕망과 돈 벌어보겠다는 욕망을 노린다.

다이어트 회사를 찾은 비만 여자.

상담원은 538만 원짜리 다이어트 프로그램을 추천한다. 그리고 이 프로그램을 받으면 한 달 안에 10㎏ 감량은 문제가 없다고 주장한다. 비만 여자는 주저 없이 그 자리에서 일시불로 처리, 등록하고 만다.

하지만 한 달 안에 무리한 체중감량으로 살이 빠지긴 빠졌지만 애석하게 t가 빠져버려 'diet'는 'die'가 되었다. 돈만 날리고 부작용에 시달리다가 자살을 선택하고 만 것이다.

129. 솔직한 공부 방법

대입수학능력 고사에서 수석을 차지한 수험생을 기자가 만났다.
"공부 방법이 남 달랐나요?"
"아니요. 학교수업에 충실히 했고 교과서 위주로 했습니다."
매년 반복되는 1등의 대답이었기에 기자가 재차 물었다.
"공부 방법이 특이 했나요?"
집요하게 묻는 기자의 질문에 백기를 든 1등, 솔직한 고백을 한다.
"정보(족집게 과외를 통한) 취득에 한두 발 앞섰습니다."

〈부동산과 공부의 공통점〉

정보가 중요하다. 맥을 짚어야 한다. 엉뚱하게 아무 곳에 투자하면 낭패 보고, 아무 곳에서 (비시험범위) 공부하면 실패의 맛을 본다.

130. 나쁜 것

촌지 받고 기사 쓰는 기자 : 나쁜 기자
촌지 받고 수업하는 교사 : 나쁜 교사
뇌물 받고 태연히 근무하는 구청공무원 : 나쁜 공무원
부모님 용돈 받고 일 안 하는 박사학위 소지자 : 나쁜 자식

131. 빌게이츠의 이중성

다양하고 활력 있는 소프트웨어 개발로 인해 많은 사람들의 일상생활을 보다 편리하게 만들어 주었지만, 사람의 할일을 컴퓨터가 대신하는 경우가 많아지는 바람에 실업자가 대거 양산되고 있는 게 현실이다.

〈대책〉

많은 회사 설립으로, 세계 1위의 부자 빌게이츠는 세계 각처에 널려있는 실업자들을 구제해야 한다. 여생을 실업자를 위해 사는 것도 괜찮을 듯싶다. 빌게이츠는 하면 할 수 있기 때문이다.

132. 거짓말쟁이

한 초등학교 6학년 쪽지시험 문제다.
문제 출제자인 담임선생님은 전교조 간부이다.

문제) 다음 빈칸을 채우시오.

글쟁이 – 소설가　　소리쟁이 – 가수
그림쟁이 – 화가　　거짓말쟁이 또는 개구쟁이 – (　　　)

절반 정도의 아이들은 담임이 원하는 답을 썼다.
그 중 한자로 쓴 아이도 있었다.
답 : 政治人(정치인)

133. 배경

40대 대기업 인사부장과 20대 대졸예정 여성의 대화이다.
인사부장 : 컴퓨터 잘 합니까?
여자 : 별로 친하게 안 지냅니다.
인사부장 : 영어는, 회화 능력이 어떤 가요?
여자 : 한마디도 못합니다.
부장, 얼굴이 변색될 수밖에 없는 상황!
인사부장 : 그런데 왜 우리 회사에 입사원서를 냈지요?
여자는 한마디만 하고 그냥 나가버린다.

여자 : 귀사의 김 이사가 우리 외삼촌입니다.

134. 군대생활

시내에 있는 대형회관에서 단체 맞선이 있었다. 공통된 화제는 군대이야기다.

여 1 : 군대생활이 궁금합니다. 어디서 생활했어요?

남 1 : 전 독수리와 함께 생활했습니다. 공군출신이거든요. 부친의 강력한 추천에 의해 입대를 결심했었죠.

여 2 : 군대생활이 어땠나요?

남 2 : 전 돌고래와 함께 생활했습니다. 헤군출신이거든요. 아버님의 영향을 많이 받은 결과입니다.

여 3 : 군대생활 어디서 어떻게 했나요?

남 3 : 전 사람들과 함께 생활했죠.

여 3 : 공익근무요원이었나 보지요?

남 3 : (소리를 버럭 지르며) 뭐요! 날 뭐로 보는 거요!

여 3 : (남자의 당당함에 겁먹은 여자) 죄송합니다, 몰라 봬서~

남 3 : 아버님의 영향력이 엄청나게 컸습니다. 징집면제 출신이거든요.

135. 줄행랑

'교통의 날'을 맞이해 파일럿, 마도로스, 총알택시기사가 참석한 가운데 조촐한 기념식을 거행했다.

사회자 : 하늘에서 비행기를 조종할 때 어려운 점이 있다면?

파일럿 : 가끔씩 나타나는 독수리 떼 때문에 시야를 가립니다. 이럴 땐 삼십육계줄행랑 칩니다. 그 자리에 그냥 있으면 상당히 위험합니다.

이번엔 마도로스 차례,

사회자 : 마도로스 생활은 어떤지?

마도로스 : 가끔씩 나타나는 상어 떼 때문에 신경이 많이 쓰입니다. 이럴 땐 딱히 방법이 없습니다. 삼십육계줄행랑이 제일 좋은 방법입니다.

총알택시기사 차례, 같은 질문에 대한 답변.

총알택시기사 : 서울 시내를 운전하고 다니다보면 부지불식간에 나타나는 사람 때문에 깜짝 놀랍니다. 이럴 땐 잽싸게 도망가는 게 최상의 상책입니다. 그 자리에 머물러 있다가는 무슨 봉변을 당할지 모르거든요.

사회자 : (의아해 하며) 왜 사람을 보고 도망을 갑니까?

총알택시기사 : 이보쇼! 과속했는데 당신 같으면 가만히 있겠소? 교통경찰이 눈을 부릅뜨고 노려보고 있는데~

136. 하나님

강도사(목사 바로 아래 직급)가 배경 좋은 불교신자에게 청혼을 했다.

"당신과 인생의 동반자가 되고 싶습니다."

"당신은 내 몸과 돈이 탐난 거지요?"

강한 손사랫짓하는 강도사.

"아닙니다. 난 하나님을 보고 당신을 선택한 겁니다."

"그럼 개랑 해요!"

137. 인사

정치인 집에 왕진 온 의사가 있었다. 30여분 만에 진료를 끝낸 의사, 얼굴에 불만이 가득하다. 진료비가 터무니없이 적었기 때문,

"이 개새끼아 질 있이!"

이때 의사의 욕을 들은 집 주인, 난리를 피운다.

"당신 지금 뭐라고 욕했어! 내가 누군지 알아!"

"내가 언제 욕을 했다는 겁니까. 난 그저 환자분께 정중히 인사만 했을 뿐인데~"

이 의사는 정치인 집을 수월하게 빠져 나올 수 있었다. 수의사였기 때문이다.

138. 정치인

창수가 중앙경찰학교에 입교해 교장으로부터 수차례 질문 공세에 시달려야 했다. 간단한 테스트였지만, 내용은 그렇지 않았다.

교장 : 순경 바로 위가 뭐지?

창수 : 경장입니다.

교장 : 그 다음은?

창수 : 경사입니다.

교장 : 경사 위는?

창수 : 경위입니다.

교장 : (만족스런 얼굴을 하며) 그럼, 총경 위는 뭐지?

창수 : 경무관입니다.

교장 : 그럼, 치안총감 위가 누군 줄 아나?

소신껏 대답하는 창수,

창수 : 그야, 국회의원이지요.

139. 치열한 입사시험

컴퓨터회사에서 예비 신입사원 면접 중이다. 최종적으로 세 명만
남은 상태이다.

면접관 : 컴퓨터 실력은 어느 정도인가요?

응시생 1 : 컴퓨터는 제 친구이자 연인입니다. 그만큼 많이 친하
다는 뜻이지요.

면접관 : 컴퓨터 실력은 어느 정도로 다루나요?

응시생 2 : 저는 컴퓨터와 식사를 하루 세 끼 할 만큼 친분이 두텁
습니다.

면접관 : 컴퓨터 실력은~?

응시생 3 : 저는 컴퓨터와 암컷수컷 할 것 없이 모두 잠자리 파트
너입니다. 그만큼 엄청 친하다는 뜻이겠지요.

면접관 : (화가 치밀며) 불합격! 나가!

응시생 3 : 왜 그러세요?

면접관 : 우리 회사에선 변태는 안 뽑거든.

140. 정경유착

정경유착을 만들어낸 대기업에 창수가 응시했다.

면접관 : 컴퓨터 잘 다루나?

창 수 : 이미 고교시절 컴퓨터 속을 다 뜯어 본적이 있습니다.

면접관 : 운전은?

창 수 : 자동차 속도 이미 고교시절 한차례 다 뜯어 본적이 있습니다.

면접관 : 결혼은?

창 수 : 고등학교 때 이미 여자 속을 다 뜯어 본 경험이 있습니다.

면접관, 마지막 질문은 회피, 중얼거리는 것으로 마무리했다.

"회사를 다 뜯어(비리) 놓겠구만~"

141. 로비

서울의대 팀의 면접 광경

원장 : 자신이 선택한 진료과목에 대해 어떠한 자부심을 가지고 있나?

내과수련의 : 전 체험학습을 통해 진료과목을 체득했습니다. 만성위궤양에 걸렸었는데 지금은 완치된 상태입니다. 그때 마스터를

한 겁니다.

　　원장 : 자녠?

　　정형외과수련의 : 저도 직접 체험을 통해 실력을 키웠습니다. 불과 한 달 전에 다리골절을 입었었는데 지금은 완치단계에 있습니다.

　　원장 : 자녠?

　　신경정신과수련의 : 공부를 너무 열심히 집중 있게 하는 바람에 작년에 미쳤었습니다. 지금 완쾌단계에 있구요. (양복주머니에서 두둑한 봉투를 꺼내며) 잘 부탁드립니다, 선배님.

　　원장 : 아직 완치가 안됐군!

142. 천황

　　자기들만의 임금, 즉 천황이 이승에서 '독도문제, 역사왜곡, 신사참배' 등 온갖 못된 짓을 다 저질러 놓고 저승길에 올랐다. 죽어서도 개 버릇 남 못줘, 저승길에서도 로비를 해 천국입성에 성공했다.

　　천국에는 조선왕조들이 이미 자리를 잡고 있었다. 하지만 지옥행 열차를 탑승해야 할 천황의 얼굴을 뒤로 한 채 식사만하고 있었다.

　　천황의 신세한탄,

　　"여기서도 왕(王)따 당하는구만~"

143. PR 방법

　　신인가수 우수정이 음반판매가 부진하자 매니저 오빠를 나무랐다.

"오빠, 내 매니저 맞아! 도대체 음반이 안 팔리는 이유가 뭐야! 공연과 잡지 인터뷰 백날하면 뭐해! 판이 안 팔리는데."

"죽어!"

악담하는 매니저에게 우수정이 가만히 있을 리 만무.

"지금 나랑 싸우잔 거야! 대화를 통해 좋은 방법을 모색하자는 건데!"

"지금 내가 좋은 방법 일러 줬잖아."

"오빠가 언제?"

엽기적인 매니지먼트.

"죽으라고…. 예전 가수 배호라든가, 김현식, 김광석, 이 사람들은 다 죽고 나서 음반이 많이 나갔어. 병으로니 자살, 이런 방법으로 죽으면 돼, 죽어!"

144. 사자성어 시험

한 외고에서 한자능력시험을 치렀다. 문제를 제대로 푼 학생은 한 명뿐이었다. 그 학생은 공짜로 중국유학을 갈 수 있었다.

문제) 다음에 열거되어 있는 사자성어들을 하나로 통폐합해 하나의 사자성어로 표현하시오.

마이동풍(馬耳東風), 풍전등화(風前燈火), 우이독경(牛耳讀經)

우왕좌왕(右往左往), 유야무야(有耶無耶), 용두사미(龍頭蛇尾)

조령모개(朝令暮改), 일구이언(一口二言), 당동벌이(黨同伐異)

답 : 국회의원(國會議員)

145. 도망자

억대의 땅 사기꾼이 도망자가 되어 사기를 친지 약 10여년이 넘은 2004년 12월, 경찰에 사기죄로 검거됐다.

사회부 기자가 이 사람을 만났다.

기 자 : 어떤 방법으로 그동안 경찰 수사를 요리조리 잘 빠져나갔나요?

사기꾼 : 도망 다니는 동안에 공부를 많이 했습니다.

기 자 : 그 와중에 공부를…?

사기꾼 : 붓글씨를 통해 사자성어를 공부했습니다. 선배님들이 그래왔듯이 머릿속에 정신력만 들어간다면 안 잡힌다는 그런 정신을 한시도 잊어버린 적이 없었습니다. 그 사자성어가 큰 힘이 됐지요~

기 자 : 사자성어요? 혹시 백전백승, 백중지간, 초지일관, 동방불패, 이런 것들인가요?

범인은 크게 웃었다.

"다 틀렸소. 내가 제일 좋아하고 사랑하는 사자성어는 '공소시효'올시다."

146. 견적비

추녀가 성형외과를 찾았다.

추녀 : 견적비를 뽑아주세요.

의사가 추녀의 얼굴을 자세히 관찰한 후 입을 뗀다.

의사 : 지금은 힘들어요. 이따가 오세요.

추녀 : 왜지요?

의사 : 계산기가 없어요.

추녀, 책상 위의 계산기를 가리킨다.

추녀 : 저기 있잖아요.

의사 : 저건 안 됩니다. 저건 천만 단위까지만 나오거든요. 억 단
　　　위 계산기를 이따 간호사에게 시켜 사다 놓겠습니다.

추녀는 일단 밖으로 나갔다기 두 번 다시 성형외과를 기들떠보지
않았다.

147. 업데이트

학창시절의 취미가 직업으로 업데이트하는 사례가 다양하다.

가령, 기타연주가 취미라면 기타연주자가 될 수 있다. 청소가 취
미인 사람도 있을 법하다.

청소부 아들이 아버지에게 퉁명스럽게 물었다.

"아버지는 학교 다닐 때 취미가 뭐였지요?"

아버지는 즉답대신 마루걸레질 하는 아내를 가리킨다.

"네 엄만 학창시절에 청소가 취미가 아니었는데도 저렇게 노동의
대가도 없는 직업인으로 멋있게 성장해 있지 않니."

148. 신당

정치후진국 우리나라.

현수가 TV 토론 프로에 패널리스트로 출연했다.

사회자 : 당쟁을 없앨 수 있는 방법이 뭐가 있나요?

현　수 : 새로운 당을 창당할 수밖에 없습니다. 3개의 당을 한꺼번에 만드는 겁니다. 한나라당사 건물 안에 하나, 경제공화당 당사 건물 안에 하나, 민주당사 건물 안에 하나….

사회자 : 당의 이름과 모토가 있을법한데?

현　수 : 당명은 납골당! 싸움질하는 정치 쓰레기들! 다 유골로 만들어 안치시켜 버리는 겁니다!

149. 선진국 진입

현수의 시사상식은 아빠를 초월하고 있다.

현수 : 아빠, 우리나라도 서서히 선진국 대열에 진입하나 봐요.

아빠 : 무슨 근거가 있는 모양이구나?

현수 : 매년 늘어나는 실업, 이혼, 자살률을 보고 선진국으로 향하는 모습을 감지할 수 있잖아요. 실업률이 높은 미국도 선진국이고, 이혼율이 제법 높은 영국이나 프랑스도 선진국이고, 자살률이 생각보다 높은 스웨덴, 노르웨이, 스위스도 선진국이잖아요.

아빤, 현수의 똑똑함에 감동하고 있다.

현수 : 아빠, 자신이 저보다 무식하고 무지 속에 있다고 해서 자살하지 마세요.

150. 합의금

임산부 사망사고가 일어났다.

사망자 남편은 가해자를 만나 합의금 얘기를 했다.

남편 : 사망한 사람이 임산부라는 사실 알고 있지요?

가해자 : 네.

사망한 임산부 남편은 카드빚이 있고 문란한 사생활 소유자였다.

남편 : 1인당 5천만 원 쳐서 주시오.

가해자 : 그럼, 1억이겠네요?

남편 : 어떻게 1억이오! 2억이지.

피해사 남편은 과거 개인병원 원무과 근무 경험이 있있다.

남편 : (준비한 자료를 들이밀며) 여기 봐봐. 초음파 검사로 찍은
죽은 아내의 뱃속~ 세쌍둥이를 배고 있잖아.

가해자, 초음파 사진을 유심히 보며 아쉬워한다.

가해자 : 이쪽에 공간이 하나 남네요. 태아의 머리 하나 정도는
더 그릴 수 있는 충분한 공간인데~

151. 거짓말쟁이

행려병자가 용변을 보기 위해 경찰서를 들어가려하자 입구에서
경찰이 가로막는다.

"안 돼 나가!"

잠시, 한 여자가 경찰 허락도 없이 그냥 무사통과한다. 이 광경이
고스란히 행려병자의 눈에 들어왔다. 경찰에 따지길,

"왜 저 여잔 들여보내는 거지요! 난 사람 아닌가!"

"저 여잔 강력계 반장님 딸이야."

사실 경찰은 커피 배달 온 다방레지를 반장 딸이라고 거짓말 한 것이다.

하지만 행려병자의 눈치는 8단!

"이것 봐! 경찰. 왜 거짓말 했어!"

따져 묻자, 오히려 큰소리치는 경찰이다.

"국민들이 언제 우리 경찰 말을 믿은 적 있소!"

152. 생계수단

미성년자를 고용, 억대 부당이득을 취한 악덕 룸살롱 업주가 경찰에 덜미가 잡히자 하소연과 엄살로 일관한다.

"먹고 살기위해 어쩔 수 없이 영업을 한 겁니다. 한 번만 봐주세요. 집에는 저하나만 믿고 사는 처자식이 있습니다."

경찰, 준비한 수갑을 채우며 맞대응한다.

"나도 먹고 살기위해 어쩔 수 없이 당신을 단속하는 겁니다. 한 번만 봐주쇼! 집에는 나만 믿고 사는 부모님과 처자식이 있소."

153. 뇌물

남편이 공무원 승진시험을 치르던 날, 우수정은 성당에서 열심히 기도를 했다. 이윽고 남편과 대면한 우수정, 지쳐있는 남편을 응시한다.

"뭐가 잘못 됐어?"

"커닝하다가 들켜서 고사장 밖으로 쫓겨났어."

"어휴! 감독관에게 통사정을 했어야지 그냥 돌아오면 어떻게!"

"한 번만 봐달라고 담뱃갑을 줬더니 극구 사양하더라고."

"당신은 세상물정 너무 몰라! 그러니까 승진이 늦는 거라고! 담뱃값 대신 술값을 줬어야지!"

154. 워킹연습

우수정은 모델지망생이었다. 모델학원에 거금을 들고 찾아 간지 이언 1년 빈, 엄마의 걱정이 말이 아니다.

"원장님이 너에게 일 안주니?"

"엄만 참, 난 아직 걸음마(Working) 단계인걸."

엄마는 수강생들의 수강비만 꼬박꼬박 챙겨 먹는 원장이 미웠다.

"그 학원에선 언제까지 걸음마를 가르친다는 거냐! 언제 달리는 방법을 알려준데?"

155. 고급스런 취미

우수정이 재수 좋게 재벌 2세와 맞선 볼 기회를 맞았다.

우수정 : 취미가 뭐예요?

재벌 2세 : 사냥을 비롯해 골프, 스키, 스쿠버다이빙 같은 스포츠를 즐깁니다.

우수정 : 어휴, 돈이 많이 드는 스포츠만 고집하는 군요.

재벌 2세 : (좀 짜증스럽게) 제 말을 끝까지 들어 보세요! 사냥을 비롯한 골프, 스키, 스쿠버다이빙을 TV를 통해서 보는데 무슨 돈이 든다는 겁니까!

156. 장애자

정상적인 몸을 가진 건장한 체격의 남자가 장애자용 여자화장실에서 볼일 보러 들어가자 소변을 보려던 한 여자가 화장실 청소아주머니를 붙들고 따진다.

"아줌마, 저거 안 보여요! 장애자도 아닌데도 저기 들어가잖아요!"

"저 모습이 어때서요?"

청소아주머니는 남자의 편을 들어주었다.

"저 사람 장애자에요, 성격장애자. 성격장애자가 아니고선 저런 행동이 도저히 안 나옵니다."

157. 부칙

여야정치인들의 법 경시 풍조가 만연되어가자, 법대생 현수가 국회로 전화를 걸어 따졌다.

"도대체 법 만드는 사람들이 이렇게 법을 어기고 살아도 되는 겁니까!"

현수가 한 시간에 걸쳐 국회의원의 위법행태와 사례를 들어가며 구체적이고 체계적인 취조를 하자, 전화를 받고 있던 국회의원이 열

받았다.

"이런 식으로 자꾸 쪼아대면 새로운 법을 만들 겁니다! 헌법 부칙으로."

"무슨 법을 또 만든다는 겁니까. 있는 법이나 제대로 지키지."

정치인의 부칙은 이것이었다.

'법을 만드는 이는 법을 어겨도 상관없다.'

158. 독립국가

법대 강의실.

신입생 : 불평등이 뭐에요?

교수 : 독립국가 후손이 물려받은 것은 가난이고, 친일파 후손들이 물려받은 것은 많은 평수의 땅이다. 바로 이런 게 불평등이라는 것이다.

신입생 : 왜 독립운동가 후손은 가난할 수밖에 없나요?

교수 : 아직 우린 독립국가가 아니라 그렇다.

미국 등 내정간섭이 심하고, 주변국 눈치를 봐야 한다.

159. 기부

장애자 단체에서 재벌총수를 찾았다.

"회장님 건강하신지요?"

"네."

"건강의 기본은 적당히 비우는 쾌변에 있답니다. 마찬가지로, 부의 기본은 적당히 비우는 '기부' 에 있습니다."

비워놓아야 채워진다는 말에 회장 왈,

"어떤 대답을 해야 할지 모르겠군요."

"왜요?"

"지금, 머리를 비우는 중이라~"

160. 파업

외국인 눈에 비친 한국의 지하철 – 구걸과 잡상인 천국

국내인 눈에 비친 지하철 – 자주 서는 (잦은 고장으로) 럭비공

파업천국!

161. 양보

지하철 안, 노인이 타자 앉아 가던 젊은이가 코를 막고 벌떡 일어난다. 노인, 당황스러워하며,

"젊은이, 자리양보를 해주는 거야, 아니면 내게 냄새나서 자릴 피하는 거야?"

"다음에 내리는데요."

162. 시위

고위 공직자에게 기자가 물었다.

"시 · 군 · 구청장실이 왜 장관실(50평)보다 더 넓게 사용하나

요?"

"간혹, 시위하는 사람들이 들이닥치는 경우를 대비해 넓게 쓰는 거야. 좁으면 따지는 (시위하는) 민원인이 다 못 들어오잖아."

163. 돈

사업가로서 대성한 여걸 세 명에게 기자가 차례로 성공담을 들었다. 먼저, 전국적인 다수의 체인망을 소유하고 있는 제과점 사장에게 물었다.

"당신만의 사업 노하우를 밝혀주세요?"

"난 빵을 매우 좋아합니다. 사랑합니다. 우리 식구도 빵을 즐겨 먹고 사랑합니다."

이번엔 옷가게로 돈을 많이 번 여사장에게도 물었다.

"사업이 번창할 수 있었던 비결이 있다면?"

"난 옷을 매우 좋아하고 사랑합니다. 역시 우리 식구도 옷을 좋아합니다."

강남에서 룸살롱을 크게 운영하는 사장에게도 물었다.

"어떤 방법이 있나요? 여자와 술을 좋아해서 시작했나요?"

노하우를 멀리서 찾을 필요가 없었다.

"돈이 좋아서 시작했어요."

164. 명품

사치가 매우 심한 여대생 딸이 명품타령을 엄마에게 하고 있었다.

"엄마, 돈 좀 줘. 명품시계가 하나 나왔는데 디자인이 아주 좋아."

엄마, 딸애의 얼굴과 몸을 보며 입을 조용히 뗀다.

"너 자체가 뛰어난 명품인데, 무슨 명품을~"

"내가 정말 명품이야?"

엄마의 일방적인 칭찬에 딸은 명품 살 계획을 전면 백지화 시켜버렸다.

165. 수상한 사람

8.15 해방 55주년을 맞아 일본에서 국빈이 방한했다. 설악산 국립공원 인근의 모텔에서 여장을 푼 국빈. 그런데 국빈 안내와 안전을 책임진 여자경호원의 행동이 수상했다.

경호원은 일본 국빈을 국가정보원에 넘겨버린 것이다. 그 이유를 동행한 기자가 묻자, 경호원은 "순수한 신고정신이니까 걱정 말라"는 말만 했다.

때마침 국립공원 입구에는 '수상한 자를 보는 즉시 신고하라'는 문구가 크게 보였다.

일본 국빈은 경호원에 의해 살벌하기로 유명한 국가정보원 취조실에 들어가게 됐다. 취조실에 외롭게 앉아 있는 사람은 다름 아닌, 나카소네 전 일본수상이었다.

166. 자살하게 만드는 책

자살이 사회문제로 대두되고 있다. 특히 감수성이 예민한 청소년의 자살, 심각하다. 각국엔 청소년들에게 자살하게 만드는 책이 있다.

일본 청소년을 자살하게 만드는 책 – 사르트르의 '구토'
미국 청소년들을 자살하게 만드는 책
                    – 헤밍웨이와 톨스토이의 명작
영국 청소년들을 자살하게 만드는 책 – 셰익스피어의 명작
한국 청소년들을 자살하게 만드는 책 – 국 영 수

167. 물구나무

혼기 놓친 현수가 여자 친구에게 최후통첩을 하기로 했다.
"이젠 더 이상 못 기다리겠어. 나랑 결혼할 거야? 안 할 거야?"
"왜 이렇게 서둘러? 천천히 하자."
현수, 머리를 쓴다.
"나랑 결혼할 건지 안 할 건지 이 자리에서 분명히 밝혀. 입으로 힘들면 제스처로 해도 좋아. 나랑 결혼할 거면 그냥 그 자리에 앉아 있고, 나랑 결혼 안 할 거면 물구나무서!"
여자가 입을 어렵게 뗀다.
"일주일만 시간을 더 줘."
"왜 또!"
"물구나무 서기 연습할 시간이 나에겐 필요하거든."

168. 무소식

시골에서 무 농사를 짓는 아버지에게 현수가 안부전화를 드렸다.

"잘 지내시지요? 좋은 일 없나요?"

"아주 오랜만이구나? 자주 전화 좀 해라. 무 농사 대풍이다."

"무소식이 희소식이네요?"

169. 오비이락

여경시험에 응시하는 우수정. 시험 중 골이 아픈지 밖을 잠시 쳐다보자 감독관이 소릴 지른다.

"이것 봐요! 왜 커닝을 합니까!"

"난 밖을 봤는데요."

"지금 경찰이 차 단속 중인 거 보고 있잖아요!"

오비이락! 우연의 일치…. 우수정은 부정행위자로 간주, 퇴장당하고 만다.

시험문제는 이랬다.

문제) 교통경찰관이 위반 차량 단속 중 취해야 할 자세는?

170. TV 프로

만나면 주로 시사적인 이야기를 하는 은사와 제자들이 있다.

은 사 : 자넨 요즘 어떤 프로를 즐겨보나?

제자 1 : 재벌총수가 출연하는 대담프로를 즐겨봅니다.

은 사 : 경제프로를 좋아하는군. (제자2에게도) 자넨?

제자 2 : 저는 국회의원들이 출연하는 프로를 즐겨 봅니다. 예를 들어, 청문회 생중계 같은 거요.

은 사 : 쇼 프로를 좋아하는군. 버라이어티쇼!

171. 천재의 연애편지

천재와 교제 중인 우수정이 고민이 생겼다. 교제 중인 남자 친구로부터 받은 연애편지가 문제였다. 지도교수에게 무조건 찾아가 연애편지를 보여주었나. 날싸빌로 보낸 언애편시였다.

첫 번째 편지는 6월 1일 영어로, 두 번째 편지는 6월 10일 일어로, 15일엔 독일어로, 18일엔 불어로, 30일엔 러시아로 편지를 보내왔다. 당연히 우수정은 헷갈릴 수밖에 없었다.

우수정 : 교수님, 어떻게 하면 좋을까요?

교수 : 넌, 한국어로 보내.

172. 시상

유명 시인이 출판기념으로 문학후배들에게 한 턱 내기로 했다.

한식집에서 시인의 후배들은 여러 음식을 마구 시켜 먹었다.

잠시 후, 시인은 후배들의 덕담을 듣게 됐다.

"선배님, 이번 책 베스트셀러 될 겁니다. 축하! 건배!"

한 여성 후배의 질문이 이어졌다.

"선배님의 이번 시집 테마는 '인생' 이지요?"

이때 '인생' 이란 예민한 후배 말에 시인은 볼펜과 메모지를 꺼내 들고 메모를 바삐 시작했다.

여자 후배가 물었다.

"선배님, 무슨 시상이라도 떠오르셨나요?"

시인의 얼굴은 몹시 상기된 상태다.

"말 붙이지 마. 지금 밥값 계산중이니까!"

173. 업무 시작

하루 일과 중 업무 시작은 활기차야 한다.

직장 내 임원 : 우리 모닝커피로 업무 시작하지, 미스 최!

교회 목사 : 우리 기도로 시작합시다, 주여!

국회의원 : 자, 우리 사진 찍고 시작합시다, 김 기자!

174. 결혼의 관념

고교 동창 모임장소에서 '일과 결혼' 의 관념을 허심탄회하게 이야기 했다. 동창들의 직업은 아주 다양했고, 잘난 척을 몹시 했다.

화가 : 난 미술과 결혼했어.

작곡가 : 난 음악과 결혼했어.

소설가 : 난 소설과 결혼했어.

평범한 직장인도 있었다.

직장인 : 난 여자랑 결혼 했어! 어쩔래?

175. 거짓말탐지기

현수가 장기간 미국 출장을 마치고 귀국해 아내를 만나게 됐다.

공항에서 현수는 아내 칭찬을 아낄 줄 몰랐다.

"안 보는 사이 얼굴 더 예뻐졌네."

이때 현수 허리춤에 매달린 호출기가 심하게 울린다.

아내가 "회사에서 호출 왔나 봐요"라고 말하자, 현수의 설명이 이어진다.

"이건, 내가 미국 CIA에서 아주 어렵게 구입한 최고급 거짓말탐지기야."

소음이 계속되자, 아내가 몹시 다그친다.

"소리 좀 죽여요!"

"당신, 아주 못 생겼어. 그때 보다 더."

소음이 멈췄다.

176. 무사통과

현수가 아버지와 함께 주말 드라이브를 떠났다. 그런데 현수가 고속도로를 진입하자마자 교통경찰 단속에 걸리고 말았다.

경찰 : 갓길 운행하셨습니다, 면허증 제시해 주십시오.

아버지가 갑자기 끼어들며 신분증 꺼내든다.

경찰 : (보더니, 경례 붙이고) 안녕히 가십시오.

잠시 후,

현수 : 아빠, 뭘 보여줬는데 경찰이 쩔쩔매요?

아버지 : 경찰이 어르신을 공경할 줄 아는 사람이라 그렇지.
경로우대증을 보여준 것.

177. 헌법수호

주방세트를 생산하는 중소기업 사장과 여종업원이 휴가문제로 논쟁하고 있다.

여종업원 : 출산 휴가주세요.

사장 : 웃기는 소리 마!

여종업원은 10년 넘은 장기 근속자였다.

여종업원 : 사장님, 근로기준법 위반하실 건가요?

사장 : 협박 하나? 협박하면 형사소송법으로 고소당할 수도 있어! 근로기준법 위에 형사소송법이 있다구. 상위법이지.

여종업원 : 헌법 제10조 '모든 국민은 인간으로서의 존엄과 가치를 가진다' 고 나와 있어요. 이래도 인정 안하시겠어요?

사장 : (조소를 띄우며) 우리나라 사람 중 헌법 지키는 사람이 어디 있어! 특히 그 제10조를 누가 지켜!

178. 위급사항

외아들로 귀하게 자란 현수가 고입모의고사 치르던 날, 문제 풀다가 짜증스럽게 휴대폰을 눌러댄다. 감독 교사, 조심스럽게 현수를 부른다.

"뭐해, 현수야."

감독 교사가 조용히 부른 이유, 체벌 교사를 경찰에 신고한 경험이 있어서 그렇다.

"제가 지금 위급사항에 직면했습니다."

"위급?"

"우리 엄마가 그랬어요. 위급할 땐 119 누르라고~"

현수의 모르는 문제 = 위급한 상황

179. 장수

서민들이 한 선술집에서 현직 대통령의 무능에 대한 불만 +욕설이 대단하다.

"우리나라 대통령은 너무 무능해! 민생문제, 물가, 실업… 이런 것들 해결 못하는 병신이야!"

"나쁜 자식! 잘하라고 뽑아 줬더니만~ 쯧쯧. 한심한 놈."

이들 말을 심각하게 듣고 있던 할아버지가 이들 중 한 남자에게 입을 열었다.

"이것 봐, 젊은이들! 대통령에게 욕하지 마!"

또 한 남자가 할아버지를 노려본다.

"대통령 욕하는 게 잘못인가요?"

"그래."

"어째서요?"

"옛말에 욕먹으면 오래 산다고 했어. 장수하는 길을 꼭 막아버려야 해."

180. 대한민국

S대 정치학과 신입생에게 부여된 문제 중 하나이다.

문제) 다음 열거한 낱말들을 4자로 통합하시오.
밀실 · 정략정치와 밀실경영, 정 · 관 · 재계의 야합
낙하산 인사, 흑색선전, 거짓정보

학생들의 답은 다양했지만, 출제교수는 두 개만 정답으로 인정했다.
답 : 대한민국(쓰레기통도 맞는 답으로 했다)

181. 삶

일선교사가 청소년들에게 삶에 대해 물었다.
교 사 : 넌 어떤 삶을 살고 싶니?
남학생 : 개미처럼 살고 싶습니다.
교 사 : 개미?
남학생 : 개미처럼 열심히, 성실하게, 부지런히 일하겠다는 뜻입
　　　　니다.
여학생에게도 물었다.
교 사 : 어떤 삶을 살고 싶니?
여학생 : 저도 개미처럼 살고 싶습니다.
교 사 : 개미처럼 열심히?

여학생 : 아니요, 개미허리가 너무 부러워요. 개미허리가 되고 싶습니다.

교 사 : 열심히 부지런히 일하면 허리가 가늘어 진단다.

182. 깨끗한 세상

선생님이 아이들의 다양한 꿈을 물었다.

선생님 : 넌, 이 다음에 어떤 사람이 될 거니?

아이 1 : 전 이 세상의 휴지가 되고 싶습니다. 이 더러운 세상을 깨끗이 닦아주는 봉사자가 되겠다는 뜻입니다.

선생님을 감탄케 하는 이이의 말이다.

선생님 : 오, 그래! (아이 2에게도) 넌?

아이 2 : 전 이 세상에 걸레가 될 거예요. 이 세상 더러운 곳을 구석구석 깨끗이 닦아주는 한 알의 밀알이 되겠단 거지요.

역시, 선생님을 감탄케 만들었다.

선생님 : (아이 3에게) 너도 꿈 얘기 해봐.

아이 3 : 전 이 세상의 이태리타월이 될 거예요.

선생님 : 이 세상의 더러운 곳을 닦고 싶구나?

아이 3 : 아닙니다. 전, 목욕탕 때밀이가 될 거예요. 그게 보기보단 수입이 짭짤하답니다.

183. 1인 시위

나체 신봉주의자 우수정이 명동에서 플래카드를 들고 1인 거리시위를 외롭게 벌이고 있었다. 여대생 우수정이 시위를 하는 이유는 철학과 교수의 억울한 죽음, 의문사 때문이었다.

정부의 부패와 근로자들의 처우개선을 외치다가 비명에 간 교수의 원혼을 달래고 의문의 죽음을 밝히고자 시위를 하는 것이다.

우수정이 들고 있는 플래카드에 적혀있는 짧은 내용은 보는 사람으로 하여금 호기심을 유발시키기에 충분했다.

"신은 죽었다 – 니체"

"너는 죽었다 – 시체"

"웃은 죽었다 – 나체"

184. 공천

국가대표 축구선수 출신인 현수가 정치 입문을 위해 야당정치인을 찾아갔다.

"저에게 공천을 주세요."

"정치를 잘 아나?"

"아직 모르지만, 의원님께서 공천만 주신다면 이 몸 바쳐 일하겠습니다."

"그럼, 돈은 많나?"

"축구로 번 돈과 시골에 300정보 가량의 임야가 있습니다."

"그럼 됐어, 공천 받게 해주지."

그 후 몇 개월이 지나, 야당총수는 현수에게 축구공 천 개를 택배로 선사해주었다. 야당총수는 '공천'을 '축구공 천 개'로 우기고 공천 개를 준 것이다.

이에 격분한 현수는 야당총수 집을 급습해 따졌다.

"이게 어떻게 된 겁니까!"

"이게 바로 정치야. 자넨 정치가 쇼라는 사실, 전혀 모르고 있었나?"

185. 칭찬과 변명

지하철 안, 한 노인이 젊은 사람 앞에 섰으나 젊은이는 눈 하나 깜짝 않고 앉아있다.

노인, 노발대발.

"이것 봐! 자리 양보 못해!"

"나이가 너무 젊어 보여서요. 꼭 40대 후반 같이 보여요."

186. 죽음

고령화 시대, 노인 인구가 급증함에 따라 사기꾼도 덩달아 늘고 있는 형국이다. 실업자 두 사람의 대화이다.

실업자 1 : 우리 노인을 상대로 사업 한번 할까?

실업자 2 : 뭐?

실업자 1 : 2만 원짜리 약을 20만 원에 팔아버리는 거야.

실업자 2 : 그런 못된 짓을!

실업자 1 : 뭐 어때! 노인이라 금방 죽을 텐데.

실업자 2 : 자넨, 자네가 먼저 죽을 수 있다는 걸 왜 생각 안하나?

187. 고소득자의 납세

정부는 '사' 자로 끝나는 고소득자의 세금을 철저히 걷기로 했다. 변호사, 의사, 회계사, 세무사, 판·검사 등이 조사 대상이었다.

세무조사는 순조롭게 진행됐다. 담당 조사관은 변호사 ~ 판·검사까지 세금을 철저히 걷어 들였다.

그런데 세금 걷히기 끝부분에서 옥에 티가 발견됐다. 한 고소득자의 수입이 귀신 곡할 정도로 오리무중 상태였던 것이다. 조사관의 끈질긴 추적 끝에 당사자를 만날 수 있었다.

조사관이 물었다.

"직업이 뭐요? 당신, 수입 대부분을 어디다 빼돌려 숨겨 놨어! 당신 때문에 우리가 얼마나 골탕을 많이 먹었는지 알아!"

화난 조사관에게 자신 있게 자신의 직업을 밝히는 남자,

"난, 마술사요."

188. 썩어빠진 음식

식인종은 사람을 잡아먹는 풍습이 있는 미개인종이라, 각국 사람들을 즐겨 맛본다.

추장이 미국여성, 일본여성, 연변처녀를 차례로 먹은 후 후식으로 무슨 음식을 먹었는지 식중독 증상을 일으킨 지 불과 5분 만에 사망하고 말았다.

사인을 밝히기 위한 부검의 결과, 남자를 먹은 것으로 밝혀졌다.

대한민국 정치인을. 부패정치인이 여행 중이었던 것이다.

189. 천국행 티켓

김 집사는 매주 헌금을 비행기 티켓으로 하는 버릇이 있어 담임목사가 좀 꺼린다.

목사 : 집사님, 이제부턴 헌금을 현금으로 하시지요. 교회재정이 너무 어렵습니다.

집사 : 저는 항공사 직원입니다. 비행기 티켓으로 헌금하는 이유가 있습니다. 하늘나라, 즉 천국에 좀 더 빨리 가고 싶어서 지요. 현금이 없어서가 아닙니다.

변명하는 집사를 노려보는 목사

목시 : 집시님은 천국은커녕, 지옥에도 떨어지지 못할 거요!

집사 : (! +!) 뭐라고요! 지옥! 매주 한 번도 안 빠뜨리고 천국행 티켓을 헌사 했건만!

목사 : 그렇다면, 비행기 티켓으로 헌금을 계속하시되, 이제부턴 기간이 안 지난 거로 하세요. 기간이 지난 비행기 티켓은 천국행이 아니라 쓰레기통으로 가거든요.

190. 국선변호사

후배 : 국선변호사가 뭐야?

선배 : 나라에서 조금 주는 수임료를 받고 힘없고 가난한 자들을
　　　　변호하는 변호사지.

후배 : 승소 확률은 높아?

답답하다는 듯 후배의 가슴 치며,

"(탁! 탁!) 답답한 놈아! 그걸 질문이라고 하냐!"

고통스레 가슴 움켜쥐고 있는 후배에게 선배, 일침 가한다.

"내가 국선변호사 하나 소개시켜 주리?"

191. 오기

부자인 친일파 후손과는 달리, 가난한 독립유공자 후손의 불만은
극에 달할 수 있다.

독립유공자 후손의 집.

후손 : 친일파 후손들은 땅을 물려받았는데 우린 뭐예요!

친척어르신 : 너넨 땅보다 더 좋은 걸 물려받았잖니.

후손 : 그게 뭔데요?

친척어르신 : 오기. 오기는 무서운 거란다. 특히, 억울한 오기
　　　　　　　는….

192. 원조교제

원조교제를 한 40대 남자, 일을 끝내고,

남 : 얼마 주면 되지?

여 : 5백만 원 주셔야겠어요.

남 : (! +!) 무슨 소리야! 지금 농담 하냐! 왜 이렇게 비싸게 받
　　는 거지?

여 : 자궁암치료비니까요.

193. 정치 8단

한 골프장에서 여당정치인과 출입기자가 내기골프를 하기로 했다. 내기 내용을 설명하는 국회의원,

"만약, 내가 이기면 내 기사 포장 잘해서 써주고, 자네가 승리하면 내가 촌지 두둑이 챙겨주도록 하지."

게임은 한 시간 반 만에 간단히 마무리 됐고, 결과는 기자의 승리로 돌아갔다. 기자, 자연스레 손을 내민다.

"주셔야지요."

"뭘?"

정치 8단다운 시치미다.

"이거 왜 이러십니까! 주셔야지요!"

"역시 자넨 아직도 멀었어. 정치부 기자생활 더 해야겠어. 정치를 영어로 뭐라고 하나?"

"Politics라고 부르잖습니까."

"영어실력도 형편없군. 정치는 영어로 'Show' 라고 부르네."

194. 과거

국사시험을 매번 엉터리로 성의 없이 치르는 현수를 담임이 불렀다.

"너 왜 국사공부를 통 안하는 거니? 매번 빵점이잖아!"

현수의 반항기가 다분하다.

"과거를 알아서 뭘 해요. 현실이 더 중요하지."

선생님의 화는 머리끝까지 올랐다.

"너! 지금 당장 부모님 모시고와!"

"부모님은 한 달 전에 해외여행 떠나셨어요."

"그건, 과거 얘기다. 난 지금 현실을 얘기한 거야."

195. 물과 불

공무원 3차 시험 면접 중.

면접관 : 어떤 각오가 돼 있나요?

수험생 : 전, 남들과 확연히 다른 용기를 가지고 있습니다.

면접관 : 어떻게 다른가요?

수험생 : 물불 못 가릴 정도로 겁이 없습니다. 귀신 잡는 해병대
출신이거든요.

면접관, 고민이다.

면접관 : 그렇다면, 우리 일은 힘들겠네~

수험생 : 왜지요?

면접관 : 우리 소방관들은 물과 불을 정확히 구별 못하면 죽어!

196. 결혼조건

노총각 창수가 결혼상담원을 찾았다.

소장이 이상형을 묻자, 창수는 욕심 없는 마음을 털어놓았다.

"결혼조건이 그다지 까다롭지 않습니다."

"욕심이 없다는 거지요?"

"네. 돈, 얼굴, 직장, 가문, 학벌, 이따위 조건은 저에게 하등 관련이 없습니다."

소장, 창수의 뚜렷한 주관이 맘에 들었다.

"그럼, 원하는 여인은 딱 잡아 어떤 여자입니까?"

"숫처녀면 오케이입니다."

조금 전의 소장의 밝은 얼굴은 온데 간데 없어진다.

"그건 힘들겠습니다. 차라리 저보고 강물 속에서 바늘을 찾으라고 하십시오."

197. 파워

실업자 생활을 하던 현수가 한 구인광고가 눈에 확 들어왔다. 마음에 쏙 들었다. '파워 넘치는 장교출신 모집'

코털을 휘날리도록 뛰어 회사를 찾아갔다. 인사부장이 대기하고 있어 곧장 면접에 들어갈 수 있었다.

인사부장, 이력서 보며 묻는다.

"군대 면제 받았나요?"

"네."

"그럼, 잘못 오셨습니다. 우린 힘 있는 장교를 모집합니다."

"저도 힘 있어요."

"면제 받은 사람이 무슨 힘! 보아하니, 약골인데 뭐."

면제사유를 소상히 밝히는 현수,

"어지간한 힘으로 군대면제 받을 수 있을 것 같아요?"

지난 4년여 간에 묻어두었던 사연(비리)을 밝히자마자, 현수는 이 회사에 근무하는 대신 공익근무요원으로 근무를 하게 돼 목표대로 오랜 실업자생활을 면할 수 있었다.

198. 중졸 학력

보무당당하게 수험장에 나타난 현수가 입사를 위한 면접에 응했다. 면접관이 주특기를 묻자, 현수는 자신 있게 대답했다.
"저는 동양철학을 연구하고 응용했습니다."
"학력은 어떻게 되나?"
"중졸입니다."
면접관이 비웃는다.
"어디 중학교 나왔어?"
"하산한지 1년 됐습니다."
"하산?"
"네. 도선사에서 하산했습니다."
"어디 중학교 나왔냐고!"
"중(卍)졸 이라니까요."

199. 부실공사

편의점 아르바이트 일당보다 건설노무자 일당이 훨씬 많은 이유?
건설근로자에게 대우 잘해줘야 할 이유?
부실공사를 방지하기 위해

건설근로자들 미래가 불투명하면 건축물 미래 역시 불투명하기는 마찬가지이다. 예로서 삼풍백화점 붕괴, 성수대교 붕괴 등 크고 작은 사고들…

대학생 둘이 아르바이트 하기 위해 건설 현장서 간단한 면접을 보았지만 한 사람만 고용됐다. 탈락된 대학생이 현장소장에게 따졌다.
"전, 왜 안 되는 거지요? 쟨 나보다 머리도 나쁜데!"
"그래서 자넨 안 된 거야. 여긴 머리 좋으면 시키는 대로 복종 안 하거나 요령을 피우거든."

200. 남자

의대생인 후배가 현수에게 고민을 털어놨다.
"술을 먹으면 머리에 온통 여자 생각뿐입니다."
"그럼, 술을 끊어!"
후배가 갑자기 현수의 손을 잡으며 징그럽게 말한다.
"술을 안 먹으면 남자 생각뿐입니다."
"그럼, 술 계속해."

201. 소신정치

한 정치인에게 시민단체 회원이 물었다.
"의원님께선, 당론에 따르는 정치를 할 겁니까, 아니면 소신정치를 하겠습니까?"

"소신정치를 해야지요."

"그런데 왜 여태껏 무조건 당론에 따랐지요?"

"그게 내 소신이요!"

202. 믿음

한 초신자가 매주 주택복권으로 헌금을 하자 목사가 물었다.

"복권을 사시는 이유가 뭐지요? 그런 거에 기대하면 믿음이 약해집니다."

목사 충고에 초신자는 "1년 안에 분명히 당첨될 겁니다"라고 자신 있게 말했다.

목사는 시큰둥했다.

"당첨 확률이 과연 얼마나 될까요?"

"목사님! 믿음이 약하시군요."

203. 인턴사원

대학졸업 후 일 년 정도 실업자 생활을 한 현수가 대기업의 인턴사원으로 들어갔다. 간신히 어렵게 얻은 직장이 너무도 고달프고 피곤했다. 급기야 피로가 누적돼 입원하는 신세가 되고 말았다.

그런데 이 병원은 회진의사가 간호사 없이 외롭게 혼자서 환자상태를 체크하고 있었다. 현수는 궁금했다.

"선생님은 왜 혼자서 땀을 뻘뻘 흘리면서 회진을 하세요?"

의사의 입은 퉁명스러웠다.

"인턴입니다."

204. 이혼 절차

이혼소송을 다루는 공판이 열렸다.
판사가 부인에게 물었다.
"이혼사유가 뭡니까?"
"잠자리 때문입니다."
"구체적으로 말해 봐요."
"잠잘 때 코를 곱니다."
"그 한 가지입니까?"
"이도 갈구요."
"그 두 가지뿐 인가요?"
"침도 흘리고요."
"그 세 가지뿐 인가요?"
"이불도 끌어가고요."
"그 네 가지뿐인가요?"
부인은 숨 가쁘게 달려온 질문과 대답에 정신이 없었다.
판사는 계속 진행했다.
"왜 말씀을 안 하시죠?"
"기억이 잘 안 나서요."
판사의 판결,
"그럼, 기억날 때 다시 오도록 하세요."

205. 욕심

대기업에서 신입사원 면접을 실시했다.

1,2,3차를 걸치고 최종적으로 세 명만 남았다.

사장 : 내가 말하는 것 중에 어느 것을 선택할 것인가? 돈은 많으나 암에 걸린 것과 돈은 비록 없지만 건강 하나는 끝내주는 경우. 두 가지 상황 중 어느 것을 택일할 것인가?

응시자 1 : 전자를 선택하겠습니다.

사장 : (응시자 2에게도) 자넨?

응시자 2 : 전, 후자요.

사장 : (응시자 3에게) 자넨?

응시자 3 : 전, 전자후자 모두 다요.

며칠이 지나 면접결과가 나왔다. 합격자는 응시자 3.

인사과장이 사장에게 물었다.

"왜 이 사람을 최종선발 한 거지요?"

"나랑 생각이 같아. 솔직한 욕심이 맘에 쏙 들었어. 내 젊었을 때를 보는 것 같아 뽑았네."

206. 조망권

현수가 집을 사기위해 부동산 사무실을 노크했다.

현수 : 단독 하나 봅시다.

중개인 : 3억짜리 하나 나왔습니다. 조망권이 좋은 급매물입니다.

현수는 시세보다 싼 조망권 물건이라 서둘러 정계약을 해버렸다.

그러고 나서 다음날 집을 보기로 했다. 그러나 집을 보고나서 계약서 작성에 들어갔어야 했다. 실수였다. 계약금 3천만 원을 그 자리에서 고스란히 날릴 판. 업자의 농간에 속아 넘어간 것이다.

현수 : 조망권이라면서!

중개인 : 여름철만 조망권입니다.

현수 : 왜 여름철만이야!

중개인 : 장마철에 물이 차는 집이거든~

207. 사무라이

일본에서 장기 유학생활을 우수한 성적으로 끝마친 우수정이 국내 굴지의 컴퓨터회사에 스카우트 제의가 들어와 입사할 수 있었다.

하지만 근무 성적은 Zero상태. 사무 착오가 너무 많아 문제가 되었다.

참다못한 팀장, 그녀를 호출해 다그친다.

"왜 우수정씬, 업무상에 진실이 안 들어있어?"

사무 착오의 원인 중에 제일 문젯거리로, 우수정의 상습적인 거짓을 들고 나오는 팀장,

"일본 유학시절 도대체 배운 게 뭐야!"

"사무라이 정신을 배웠지요."

일본에는 사무라이(事務 + lie) 정신이 있었다.

208. 뺨

이혼한 친구에게 우수정, 걱정스레 묻는다.
"왜 이혼을 했니?"
"안 맞아서 이혼했어."
"도대체 뭐가 안 맞는다는 거니?"
"성격이."
우수정, 고개를 갸우뚱거린다.
"참나, 난 맞았는데도 이혼을 했는걸."
"성격이?"
"아니, 남편에게 (주먹으로) 맞았어, 뺨을."

209. 다이어트

100kg에서 50kg 감량에 성공한 여자에게 기자가 물었다.
"무슨 방법으로 그렇게 할 수 있었나요?"
여자의 대답은 단순했다.
"100일 금식기도를 했습니다. 기도제목은 (하나님) 살 빼주세
요!"

210. 흑색선전

요즘 초등학교 아이들도 국회의원 흉내를 낸다.
아이 둘이 반장 후보로 나섰다.

서로 자신이 최고이고, 반장은 자신이 해야 한다는 '정견' 발표를
하기로 했다.
　　후보자 1 : 내가 반장이 되면, 우리 반 아이들에게 떡볶이, 순대
　　　　　　　등 많은 간식을 제공할 겁니다.
　　후보자 2 : 여러분! 쟤는 반장감이 못됩니다. 왜냐하면 별명이
　　　　　　　'깜씨' 거든요. 얼굴이 너무 까매서 흑인 같잖아요.
　　인신공격에 충격 받은 검은 얼굴이 새파래지는 아이,
　　후보자 1 : 너! 벌금 내놔!
　　후보자 2 : 내가 왜?
　　후보자 1 : 나에게 흑색(!) 선전 했으니까!

3장

뼈 있는 유머

웃음이 주는 효과는 뇌하수체에서

엔돌핀 같은 천연 진통제가 생성된다.

부신에서 통증과 신경통 같은 염증을 낮게 하는

화학물질이 나온다.

동맥이 이완돼 혈액순환과 혈압이 낮아진다.

암환자의 통증을 경감시킨다.

심장박동 수를 높여 혈액순환을 돕고 몸의 근육에 영향을 미친다.

211. 어깨너머

형사계에 세 명의 용의자가 취조를 받고 있다.

자격증 없는 약장사에게 형사가 물었다.

"약사 자격증 없이 어떻게 그 많은 약을 팔 수 있었지?"

"어깨너머로 배웠어요. 내 주위에 약사가 즐비하게 있거든요."

이번엔 자격증 없이 영업을 해온 부동산 업자에게 물었다.

"공인중개사 자격증 없이 어떻게 많은 아파트를 팔아먹었지?"

"어깨너머로 배웠어요. 내 주위에 공인중개사가 꽤 있거든요."

마지막으로, 변호사 자격증 없이 법률행위를 한 여자에게 물었다.

"도대체 어떤 방법으로 변호활동을 했어? 어깨너머로 배웠나?"

여자, 어깨에 갑자기 힘이 잔뜩 들어간다.

"내 주위에 '어깨(깡패)'들이 즐비하게 대기하고 있거들랑."

212. 1급 자격증

아이의 취직 때문에 크게 고심하던 엄마가 한 중소기업 문을 노크했다. 사장에게 부탁하길,

"제 아들을 귀사에 입사 시켜주세요. 부탁드립니다."

"아들이 자격증 있나요?"

사장은 회사 방침을 일러준다.

"우리 회사에 입사를 하려면 1급 자격증 한두 개는 보유해야 합니다."

"우리 아들도 자격증 있습니다. 1급 자격증이 두 개나 되는 걸

요."

엄만, 급히 자랑스러운 아들의 1급 자격증을 꺼내 사장에게 보여 준다. 하지만 채용불가 판정이 전부였다. 1급 시각장애자와 1급 청 각장애자 자격증이라 그랬다. 엄만, 미칠 지경이었다.

엄마 : 1급 두 개면 된다고 했잖아요!

사장 : (머뭇거리다가) 아들의 경우, 2급이면 한번쯤 고려해 봄직 한데~

엄마 : 아깐, 1급이라고 했잖아요!

213. 욕심

결혼상담소 소장이 세 노총각과 상담 중이다.

소장 : 어떤 여자를 원합니까?

노총각 1 : 아담한 체격이면 오케입니다.

소장 : 욕심이 없군. (노총각 2에게도) 어떤 여자를~?

노총각 2 : 돈 많고 명 짧은 여자면 오케이입니다.

소장 : 욕심 많군. (노총각 3에게) 어떤 여성을 원하나요?

노총각 3 : 전, 사랑 하나면 족합니다.

소장 : (고갤 푹 숙이며) 이 세상에서 제일 욕심 많은 사람이군.

214. 고혈압

고혈압으로 장기간 고생하는 50대 남자가 내과의사와 상담 중이 다. 내과의사도 역시 50대였다. 의사가 남자의 혈압상태를 체크하고 인상을 쓴다. 차도가 없는 모양이다.

"내가 약 준 거 제대로 먹는 거요?"

"왜요?"

"혈압이 더 높아졌소."

"병원에만 오면 오릅니다."

"왜?"

"당신, 반말 때문에!"

215. 아빠

욕심 많은 네 명의 어린이에게 담임이 장래희망을 물었다.

첫 번째 아이는 "백만장자가 될 거예요"라고 했고, 두 번째 아이는 대통령의 꿈을 가지고 있었다. 세 번째 아이는 국회의원이 되겠다는 말을 했다.

담임의 실망은 컸다. 천상, 마지막아이 반장에게 기대할 수밖에 없었다.

반장답게 아이의 대답은 평범했다.

"전, 좋은 아빠가 될 거예요."

역시 반장은 기대에 어긋나지 않았다.

"좋은 아빠의 기준이 있을 법한데."

"돈 많이 벌어 국회 출마 후, 대통령까지 출마하는 게 좋은 아빠에요."

216. 점쟁이의 종류

첫째, 과거를 알아맞히는 점쟁이
둘째, 현재를 알아맞히는 점쟁이
셋째, 미래를 예측하는 점쟁이

이 중 세 번째의 경우가 제일 편안하게 영업(?)할 수 있다.
미래는 그 누구도 확인할 방도가 없기 때문이다.
거액의 복채를 받은 후 미래예측 해주고 휴대폰번호 바꾸거나
이사하면 그만이다.

217. 버르장머리

지하철 안, 할아버지가 아이에게 물었다.
할아버지 : 몇 살 먹었니?
아이 : 다섯 살이요. 할아버지는 얼마나 드셨어요?
할아버지 : 난 80.
아이 : 저보다 한참 위시네요.
아이 옆엔 젊은 엄마가 가만히 앉아있었다.

218. 더러운 욕

'개만도 못한 놈' 보다 더 심한 욕?
이완용보다 더 못된 놈!

부모가 아이들이 말 안들 때 이 욕을 사용하면, 아이들 역사의식 고취에 지대한 도움이 될 것이다.

219. 연기의 기본

연기자가 꿈인 우수정이 한 영화사가 주최하는 오디션에 응모해 심사위원장과 마주앉았다.

심사위원장 : 제일 자신 있는 연기를 해봐요.

긴장한 듯 가만히 심사위원장 눈만 주시하는 우수정.

심사위원장 : 왜 연기 안 해?

우수정 : 대본을 깜박하고 준비를 안했고, 연습도 안했어요.

심사위원장 : 참! 어이없군! 오디션 보러온 사람 맞아! 연기의 기본도 안 돼 있으면서 무슨 연기자가 되겠다고 왔어!

으박지르는 심사위원장에게 우수정이 한마디 자신 있게 한다.

우수정 : 각본 없는 드라마가 더 실감나고 감격적이라는, 아직 연기의 기본도 모르시면서 무슨 심사위원장을 한다고 그 자리를 차지하고 있나요!

220. 단점

아주 유명한 언론인이 성공한 사람과 실패한 사람에게 각각 물었다. 두 사람은 견해차가 심했다.

먼저, 성공한 사람에게 물었다.

"인생을 어떠한 생각으로 살아왔나요?"

성공한 사람은 은유법을 여유 있게 써가며 자신만만하게 밝혔다.

"산에 금을 캐러 다녔습니다. 아주 열심히."

이번엔 실패한 사람에게 질문을 했다.

"인생을 어떠한 사고(思考)로 살았나요?"

실패한 사람은 작고 짜증 섞인 목소리로 언론인의 대답에 응했다.

"전, 세상 사람들의 단점(短點)을 캐러 다녔습니다. 아주 열심히."

221. 오자

매시 사람들의 결점만 찾아서 욕을 하고 다니는 무지몽매한 남자가 하나 있었다. 그러던 어느 날, 이 남자가 평소에 안하던 독서삼매경에 푹 빠졌다. 주위 사람들 중 그를 옆에서 자세히 봐왔던 한 여자가 의아해 물었다.

"평소, 사람들 결점만 찾더니, 웬 독서를 다하고?"

이 남잔, 여자가 독서에 방해가 됐는지 신경질적인 반응을 보였다.

"난 지금 독서를 하는 게 아니에요!"

"그럼~?"

"이 책 안에 있는 오자(誤字)를 찾고 있소!"

222. 고혈압

개인병원을 운영하는 현수와 종구가 술 한 잔을 하고 있었다.

현수 : 병원 잘 돼?

종구 : 잘 안 돼. 갈수록 환자가 줄고 있어서 큰일이야. 종합병원으로 전부 가나봐. 치료비를 종합병원보다 무지 싸게 받을까 그런 생각도 들어. 넌, 어때?

현수 : 난 요즘 잘 돼.

종구 : 그래?

현수 : 대대적인 제도 보완을 했거든.

종구 : 어떤 제도? 진료비를 많이 다운시켰구나?

현수 : 아니, 그 반대야. 보호자에게 과다청구서를 내밀었더니, 열 무척 받더라구.

현수가 종구에게 고지서 모양의 한 조그마한 종이를 보여준다.

"이게 다 고혈압환자 명단이야."

223. 전도

스님이 목사에게 전도를 물었다.

"목사님, 전도할 때 가장 어려운 상대자는 누군가요? 알코올중독자, 공산주의자?"

"아닙니다."

"그럼, 저 같은 타 종교인?"

"아닙니다. 제 자신을 전도하기가 제일 힘듭니다."

224. 심야택시비

우수정과 현수가 '심야택시 이야기'를 하고 있었다.

우수정 : 난 심야에 택시 타기가 너무 무서워.

현수 : 왜?

우수정 : 내 몸매를 보고 운전자들이 가만히 있겠어?

현수 : (보더니) 정말 그러네. 나도 심야택시 타기가 너무 무섭고
　　　 불안해.

우수정 : 네가 왜 불안해? 남자면서~

현수 : 난, 심야택시비가 무서워. 너무 많이 나오거든.

225. 병신

목사 설교 중에 보기 흉한 모습으로 졸고 있는 집사가 있었다.

목사가 발견해 흔들어 깨웠다.

"집사님, 깨어나세요!"

눈 뜬 집사, 변명한다.

"눈 감고 기도한 건데요."

"코고는 소리도 들렸습니다."

"기도하는 소리였습니다."

"그럼, 침 흘린 건 무슨 변명을 할 겁니까?"

"눈물 흘린 겁니다. 회개기도 중이었거든요."

집사의 변명수준은 가히 수준급. 급기야 목사의 화를 돋았다.

"집사님은 병신입니다!"

"내가 병신! 좀 졸았다고 그렇게 심한 말을!"

이번엔 목사의 변명?

"입에서 눈물이 나오니까 병신이지요."

226. 분수

사치가 심한 엄마의 모습을 지켜본 딸이 잔소리를 좀 오래했다.

"엄만, 왜 그렇게 살아? 내가 엄만 한테 뭘 배우겠어! 윗물이 맑아야 아랫물도 맑은 거라고! 엄마는 분수도 모르고…."

엄마의 그럴듯한 변명?

"분수? 내가 왜 분수를 몰라! 분수(噴水)는 아랫물이 맑아야 윗물이 맑은 거라고!"

227. 간절한 기도

중간고사를 준비 중인 우수정이 새벽에 일어나 매일 정성껏 감동적인 기도를 하자, 목사인 아버지가 물었다.

"우리 딸, 무슨 기도를 매일 그렇게 간절히 절규하듯 하니?"

"하나님께 알려달라고 대화중이었어요."

"아아, 명철한 판단력과 지혜를 달라는 기도였구나?"

"아니요, 정답을 알려달라고 했는데요."

"알려 주셨어?"

"아니요, 왜 하나님은 제 기도를 이해 못하는 지 이해가 안 가요!"

"하나님은 성경과목이 전공이라, 국 영 수 같은 과목은 모르신다."

228. 아내와 컴퓨터

실업자 현수가 아내가 준 용돈으로 컴퓨터학원에 등록했다. 취업을 위한 하나의 방편.

첫날, 강사는 현수에게 기초적인 것만 알려주었다.

"컴퓨터란 예민한 기계입니다. 따라서 부인 다루듯 해야 합니다."

잠시, 현수는 강사가 컴퓨터를 한번 본인 손으로 직접 켜보라는 말에 컴퓨터를 마구 주먹으로 때렸다.

강사, 화가 났다.

"이것보세요, 아저씨! 내가 그렇게 하지 말라고 일렀잖아요. 컴퓨터를 부인 다루듯 하라고 했잖아요."

"우리 집 사람은 때려야 말을 듣는데."

229. 묵비권

제조업에 종사하는 장애인들이 자신들의 처우개선을 위해 침묵시위를 벌이고 있었다. '색안경을 쓰고 대하지 말라는 것.'

이들은 마스크를 한 채 침묵시위로 일관했다. 한마디 없는 시위는 답답하기 그지없었다.

사장이 버럭 화부터 냈다.

"너희, 계속해서 묵비권 행사할 거야!"

장애자들은 사장의 말에 들은 척도, 미동도 하지 않았다.

사장의 말은 이어졌다.

"침묵시위 한두 번 한 실력이 아닌데~ 이거 아주 상습적인 놈들이군!"

공장장이 나선다.

"사장님, 쟤네들은 태어날 때부터 묵비권 행사를 한 겁니다. 벙어리이기 때문에~"

여태껏 사장이라는 사람은 장애자들의 장애 정도도 신경 안 쓴 채 인간 이하의 취급을 했던 것이다. 저임금에 심한 일로 부려먹고 있었다. 그러니 장애자들이 시위 벌이는 건 당연지사.

230. 아이의 꿈

미술시간에 아이들이 그림을 통해 미래의 꿈을 그렸다.

선생님은 도화지에 색을 열심히 칠하는 아이에게 꿈을 물었다.

"넌, 이 다음에 뭐가 되고 싶니? 색을 아주 꼼꼼히 잘 칠하는 구나."

"아빠처럼 훌륭한 페인트 공이 될 거예요."

이번엔 나뭇조각에다 공작(工作)을 하고 있는 아이에게 물었다.

"넌, 이 다음에 뭐가 되고 싶니? 조각가?"

"아니요, 목수요."

이번엔 아이들의 미술시간을 가만히 지켜만 보고 있는 아이에게 선생님이 인상을 쓰며 다가갔다.

"이 다음에 넌 뭐가 될 거니! 멍청히 앉아만 있으면 어쩌자는 거니! 쯧쯧."

"저는 미술선생님이 되고 싶습니다."

"……왜?"

"선생님처럼 가만히 앉아있고 싶어서요."

231. 다섯 손가락

다섯 형제를 둔 아버지가 유독 넷째에게만 자식 사랑이 덜한 것
같다. 차별에 반기를 들 수밖에 없는 넷째.

넷째 : 아버지는 왜 나만 미워해요! 다섯 손가락 물어 안 아픈 손
　　　가락 있이요!

아버지 : 다섯 손가락?

아버지는 다섯 손가락 가지고 장난을 쳤다. 손가락의 활용도를 얘
기 한 것이다.

엄지 - 최고란 뜻이 내포

둘째손가락 - 지시어에 사용

가운데손가락 - 다섯 손가락의 균형 감각에 필요

새끼손가락 - 중요한 약속 시, 활용

참다못한 넷째!

"아버지! 넷째손가락은 주먹 쥘 때 제일 힘이 많이 모아진다고요!
주먹 쥘 때 내가 없으면 아무 소용없어요!"

232. 발레공연

문화회관 강당에서 대대적인 발레공연이 열렸다. 그러나 밖에 많은 비가 내리면서 강당 천장에서 비가 새기 시작해 공연관계자를 긴장시켰다. 많은 비가 새자, 공연관계자는 공연을 연기하겠다는 일방적인 말을 관객들에게 전달했다.

이때 공연기획자 현수가 나타나 자리에서 일어나 나가려는 관객들을 향해 소리를 쳤다.

"지금부터 제2부 공연으로 싱크로나이즈드스위밍(수중발레)을 선보이겠습니다!"

233. 박사학위

박사학위 받고도 오랜 실업자 생활을 하는 종수에게 목사가 걱정스레 말했다.

"기도제목 말해 봐요. 내가 기도해줄게."

"남북통일을 위해 기도해주세요."

"취업기도는~?"

종수의 잘난 척이 이어진다.

"전, 박사학위 받은 사람, 엘리트입니다. 배부른 개가 되느니 차라리 배고픈 소크라테스가 되겠습니다."

목사가 속으로 혀를 찬다.

"소크라테스는 자살이라도 할줄 알지~ 쯧쯧!"

234. 다리골절

교통사고가 크게 일어났다.

가해자가 피해자에게 합의 종용을 했지만, 피해자는 막무가내 식으로 버티고 있었다.

분명, 냄새가 났다. 보상금을 노리고 있었다.

피해자의 엄살이 이어진다.

"나 참, 2년 전에 다친 다리를 또 다쳤으니, 이거 큰일이네."

"죄송합니다. 합의 좀~"

"여보시오! 이 상황에서 무슨 합의요!"

누구랑 싸고서 일을 진행하는 게 분명했나.

이때 피해자 부인이 가해자에게 조심스레 다가가, 한쪽으로 가해자를 불러 입을 연다.

"합의금 10만 원만 주세요."

"다리골절인데 그것만 드려도 되나요?"

부인은 양심고백을 하고 만다. 남편을 배신한 것. 아주 괜찮은 배신이다.

"의족(義足)값만 주시면 됩니다. 사실, 남편은 원래 다리 한쪽이 없었어요."

235. 백 싱어

노래 실력이 형편없는 우수정이 합창단에 들어왔다.

단장이 물었다.

"그 실력으로 어떻게 여기에 들어왔는지 모르겠군?"

"전, 파트가 뭐예요?"

"글쎄."

"쉬운 거로 주세요."

간단한 테스트를 한 후,

"넌, 백 싱어 해! 그 대신 입은 작게 벌려."

우수정, 가슴이 철렁 내려앉는다.

"어머! 단장님 그걸 어떻게 아셨어요?"

"뭐가?"

"제가 합창단에 백으로 들어온 걸."

236. 다민족

귀순용사가 기자회견을 가졌다.

기자가 귀순용사에게 먼저, 서울을 보고 느낀 점에 대해 묻자,
"네레, 대한민국이 단일민족인지 알았디유. 근데 막상 와서리 보니,
여러 민족동지들이 살고 있었습네다"라고 대답했다.

"여러 민족이요?"

"네레, 어제 들은 민족만 해도 여러 개 됩네다. 미시족, 얌체족,
지나간 야타족, 오렌지족, 딩크족, 폭주족, 남한이레 족 같은 민족이
라요!"

237. 종이접기

아이들 세 명이 공원에서 재미있게 놀고 있었다. 이들의 공통점은 종이를 가지고 논다는 것이다. 종이비행기를 만들고 날리는 아이와 종이배를 접어 분수대에 띄우는 아이가 있었다.

두 아이에게 비교적 젊어 보이는 할아버지가 접근해 차례로 아이들의 장래 꿈을 물었다.

그랬더니, 종이비행기를 만든 아이는 조종사의 꿈을, 종이배를 접는 아이는 선장의 꿈을 가지고 있었다.

그런데 구석에서 말도 없이 묵묵히 앉아, 종이비행기와 종이배, 그리고 종이로 만든 공 등 각양각색의 종이접기를 하는 아이가 하나 있어, 할아버지가 그냥 지나치지 않았다.

"넌, 이 다음에 뭐가 되려고 하니?"

"종이접기 강사요."

238. 급전

목사가 급전이 필요해 장로에게 물품보관증 없이 천만 원을 빌렸다. 그런데 3개월이 지나도 목사가 돈 갚을 생각을 안 하자, 장로가 어렵게 입을 열었다.

"저어~목사님, 제 천만 원 어떻게 되는 건가요?"

"아아~ 그거요. 곧 채워주실 겁니다. 조그만 기다리세요. 연락받았습니다."

"누구한테서 연락을 받았다는 거지요?"

"누군 누굽니까, 하나님이지."

결국, 장로는 집으로 돌아와 하나님께 속 편하게 썼다. 포기각서를.

239. 방의 종류

남녀노소가 노래하는 방 – 노래방
젊은이들이 비디오 보는 방 – 비디오방
나이 먹은 사람이 화투, 바둑하는 방 – 복덕방

240. 잠꼬대

'얼짱 + 몸짱' 선생님, 우수정이 수업 전에 아이들에게 삶의 도움이 되는 인생훈시를 했다.

"너희들은 뭐 하나에 미쳐야 한다. 예술가는 예술에, 정치가는 정치에, 경제인은 경제에 미쳐야 한단다. 학생은 공부에 미쳐야 한다. 그래야 나중에 맡은 분야에서 최고로 달릴 수 있는 거다."

이때 어디선가 잠꼬대 소리가 크게 들렸다.

이 반의 말썽꾸러기 현수 짓이다. 책상은 흘린 침으로 흥건해진 상태였다.

"우수정, 우수정!"

선생님 이름, 자신의 이름을 함부로 부르자, 우수정이 현수를 흔들어 깨운다.

"김현수! 너 지금 뭐하는 짓이야! 왜 선생님 이름을 함부로 불러!"

이때 옆에 있던 현수짝꿍이 끼어든다.

"선생님, 현수는 지금 여자에 미친 거예요."

240. 연애편지

국문과에 다니는 현수에게 친구 광필이가 부탁을 했다. 짝사랑 하는 여자를 기가 막힌 문장으로 심금을 울려 달라는 것이다. 30분이 지나서 문장이 완성됐다.

일단 광필이가 내용 점검을 하기 위해 소리 내어 천천히 읽어 내려갔다.

'죽도록 사랑합니다. 이 생명을 그대에게 바칩니다. 당신을 사랑하기에, 평생 목숨을 걸고 사랑합니다. 죽도록 사랑합니다!'

광필, 짜증스런 표정이다.

"이게 연애편지냐? 유서냐? 내가 언제 유언장 써 달랬어!"

241. 4949

모두 다 출근 하는 시간, AM 8 : 19.

실업자 현수가 밖에서 들리는 사람의 소음으로 깊은 잠자리에서 강제적으로 깨어났다.

"4949! 4949! 차 빼주세요!"

웬 남자의 차 빼 달라는 큰소리에 현수가 당황해 밖으로 뛰쳐나갔다.

"저 불렀어요?"

"이런 곳에 차를 세우면 어쩝니까!"

"이건 제 차가 아닙니다. 전, 차 없어요."

"그런데 왜 나왔소!"

"내가 특수폭행죄로 감방에 있을 때 내 수의번호랑 똑같아서."

현수는 출감한지 얼마 안 돼 사회 적응이 덜 된 상태였다.

(현수의 특수폭행죄 – 주차시비로 싸움)

242. 가사

작곡가와 현수가 맞선을 보고 있었다.

여자 : 무슨 일 하세요? 전, 곡 쓰는 일을 하거든요.

현수 : 저는 가사 일을 돌보고 있습니다.

여자 : (실망) 그럼 집에 있겠군요?

현수 : 그런 날이 태반이지요. 외출 잘 안 해요.

여자, 갑자기 자리를 박차고 일어난다.

현수 : 왜 벌써 일어나시지요?

여자 : 난, 앞으로 촉망받을 작곡가예요. 그런 내가, 댁 같은 백수
랑 맞는다고 생각하세요?

현수 : 네, 잘 맞을 것 같습니다. 댁이 작곡가면 저는 더 좋습니
다. 상부상조하면 좋잖아요.

여자 : 그럼, 난 돈 벌고 댁은 집구석에서 가사 일만 하겠단 심보
군요?!

현수 : (화 +화) 이것보세요! 난 가사(歌詞) 일을 하는 앞으로 촉

망받을 작사가란 말이에요!

243. 중보기도

한 성도가 목사에게 부탁 하나를 했다. 어려운 부탁은 아니었다.
"목사님, 이사를 가려고 합니다. 중보기도 부탁합니다."
"네, 알겠습니다."
목사는 성도의 이사 날짜에 맞추어 기도를 시작했다.
며칠이 지나 성도가 목사를 만나러 목양실로 찾아갔다.
"목사님, 기도하시고 계세요?"
"네."
"그런데 왜 집이 안 나가지요? 집 보러오는 사람이 한 사람도 없단 말입니다."
"이사 갈 동네가 어디죠?"
한숨 내쉬는 성도,
"세속을 떠나고 싶습니다. 머리 깎고 절이나 들어가려고요."

244. 주류

TV 속에서 정치인들의 싸움장면을 보고 아빠가 신경질을 낸다.
"저런 것들은 인간이 아니야!"
옆에서 현수가 들었다.
"아빠, 왜 저 사람들이 사람이 아니야?"
아빠는 정치인이 사람이 아닌 이유를 동물에 빗대어 설명했다.

"개구리는 양서류고, 제비는 조류, 사람은 영장류다. 하지만 정치인은 주류와 비주류로 나누어지는 희귀동물이란다."

245. 백지로 보낸 편지

현수가 같은 과 여학생으로부터 연애편지를 받았다. 그런데 내용이 너무 어려워 아빠의 도움이 필요했다.

"아빠, 여자 친구가 연애편지를 보내줬는데 무슨 내용인지 모르겠어."

"아아, 네가 졸졸 쫓아다니던 그 여자애? 내용이 뭔데?"

아빠에게 여자 친구로부터 받은 편지와 봉투를 건네준다. 백지로 보낸 편지였다.

아빠의 표정이 심각하다.

"백지라~ 사귄지는 얼마나 됐니?"

"3개월 조금 넘었어요."

"너한테 백지로 보낸 편지의 의미는, 여태껏 교제를 백지화한다는 것이다."

247. 중독

마약중독 치료제 - 정신과 치료 병행
사랑중독 치료제 - 미움과 복수

아들 : 그녀 없인 단 하루도 숨 쉴 수 없어요.

아빠 : 분명한 선을 그어라! 사랑에 중독된 건지, 사람에 중독된
　　　건지!

248. 바다

　창수, '바다'란 제목의 시를 읽은 후 독후감을 작가에게 영어로
표현했다.
　"에이, 시시해." (시시해 ; Sea, Sea海)

249.보수적인 성격

　입사를 위한 면접이 한 중소기업에서 실시됐다.
　면접관이 응시생에게 성격을 묻자, "직선적이고 보수적입니다"라
고 딱 잘라 자신 있게 대답했다.
　"성격이 좋군, 그런데 그 성격을 어떻게 믿지? 지금 확인이 안 되
잖아."
　응시생은 당돌했다.
　"이 회사는 보수는 얼마나 줍니까?"
　"정말, 보수적이군."

250. 개

　우수정이 남편이 낮술을 마시고 곤드레만드레 되자, 급히 동물병
원으로 끌고 갔다.

"이 남자, 환자예요!"라고 우수정은 수의사에게 말했다.

"저희는 개만 진료합니다."

"이 남잔 술 마시면 개예요"라고 우수정은 만취한 남편을 몹시 폄훼했다.

우수정의 말을 듣자마자 수의사는 급히 서두른다.

"좀 천천히 다루세요."

우수정이 끼어들자 수의사가 짜증을 낸다.

"술 깨기 전에 빨리 진료해야죠!"

수의사는 술 취한 상태는 개(동물병원)이고, 술 깬 상태는 사람이라는 생각이 지배적.

251. 지덕체

맞선 자리에서 여자가 남자에게 이상형을 물었다.

여자 : 현수 씨는 이상형이 뭐예요?

남자 : 지덕체를 겸비한 여자면 OK입니다. 수정 씨는요?

여자 : 전, 지덕체에요.

남자 : 그럼 저랑 똑같군요.

여자 : 뭐가 똑같아요! 전(錢) 지덕체라니까요.

252. 개런티

누드모델과 사진작가가 촬영을 끝내고 개런티 문제로 서로 실랑이를 벌이고 있었다.

"왜 개런티를 한꺼번에 주시지 않고 조금씩 조금씩 약 올리면서 주시는 거지요?"라고 모델이 불만을 말하자, 작가의 대답도 모델과 대동소이한 말을 하고 만다.

"너도 옷 벗을 때 조금씩 조금씩 약 올리면서 벗었잖아."

253. 말기

환자 세 명을 한꺼번에 진료하는 의사가 있었다.

기침이 몹시 심한 환자들을 청진기로 가슴에 대며 진단결과를 말했다.

"폐암 1기입니다."

환자가 겁에 질린 채 의사 눈치를 보았다.

"그럼 얼마나 살 수 있나요?"

"수술하셔야 합니다."

또 다른 기침환자에게도 청진기를 이용했다.

"폐암 말기입니다."

"그럼, 얼마나 살 수 있는 거지요?"

"길어야 3개월입니다."

나머지 기침 환자에게도 의사의 진료결과가 나왔다.

의사의 말이 떨어지기가 무섭게 환자가 호들갑스레 먼저 나선다.

"전 몇 기입니까? 저도 말기인가요?"

"감기입니다."

254. 시력검사

한 고교생이 시력검사 결과, 전교에서 제일 좋게 나와 검사를 맡은 간호사가 칭찬을 아끼지 않았다.

"시력이 좌우 모두 2.0으로 나왔어요. 눈이 참 좋군요. 아주 잘 관리했어요."

"눈이 좋은 게 아니에요."

"좋게 나왔는데도."

"검사 전에 시력검사표를 다 외웠거든요."

"그럼 눈이 좋은 게 아니라 머리가 좋은 거네. 잔머리를 포함한 지능지수 130입니다."

255. 독자

현수가 입사를 위한 면접을 치르고 있었다.

면접관의 첫 질문은 군대 얘기. 참 곤란했다. 현수는 면제 받았기 때문이다.

면접관 : 왜 면제 됐지? 몸에 하자가 있는 건 아닌가?

현　수 : 독자거든요.

면접관 : 몇 대 독자야?

현　수 : 3대 독자입니다.

면접관 : 3대?

현　수 : 네. 할아버지, 아버지서부터 알코올중독자입니다.

주 : 독자 = 알코올중독자의 줄임말

256. 고생

신문배달 하는 아이에게 갑부아들이 다가갔다.

배달 소년을 돕겠다는 갑부아들,

"내가 도와줄게."

둘은 서로 마음이 잘 맞아 한 달이 넘는 시간을 아무 탈 없이 보낼 수 있었고, 가난한 소년은 갑부아들에게 너무나 고마운 나머지 수고비조로 조그마한 돈 봉투를 마련해 주려고 했다.

"내 자그마한 성의니까 받아."

하지만 갑부아들은 애당초 돈 받을 목적으로 일을 도와준 게 아니기에 단번에 거절을 했다.

"그거 집어넣고 이거나 받아."

갑부아들이 오히려 돈 봉투를 준다.

"네가 왜 이걸 나한테 줘?"

"내가 네 것 샀거든."

"내꺼? 뭘 샀다는 거야?"

"고생. 너의 고생을 일부 샀을 뿐이야. '젊어서 고생은 사서한다' 잖아."

257. 정신병

위궤양 환자가 퇴원수속을 밟고 있던 중 충격을 받았다. 원무과

직원으로부터 들은 치료비는 건강보험 혜택이 적게 적용돼 300만 원이 넘는 금액이었다.

환자 : 300만 원을 언제까지 내야 하나요?

원무과직원 : 지금내고 나가야 합니다.

환자 : (흥분!) 아가씨, 나 입원수속 다시 밟아야 되겠어!

원무과직원 : 위궤양 치료 다 하셨는데 또 하세요?

환자 : 보험금은 매달 꼬박꼬박 받아먹으면서 왜 이 모양이야! 지금 내가 돌아버리겠어!

원무과직원 : 그럼 정신과 입원수속 밟으세요. 거기도 보험 적용이 적을 걸요~

과다한 병원비와 보험 적용의 불합리한 점이 또 하나의 환자를 양산하는 우리나라 병원의 현실이다.

258. 물구나무 사진

누드사진 전시회를 연 작가에게 기자가 다가갔다.

작품세계가 독특했다. 모델들이 한결같이 물구나무를 한 채 촬영에 임했다.

기자 : 선생께선 아주 새로운 장르를 개척하셨군요?

작가 : 그게 무슨 소리요?

기자 : 물구나무 누드사진은 국내에서는 처음 접한 것 같습니다. 어떻게 모델들이 물구나무를 자연스럽게 잘 설 수 있었나요? 특별훈련이 있었을 것 같습니다.

사진작가, 기자 말에 몹시 불쾌한 표정을 짓는다.

"(욕설) 에이씨! 어떤 새끼가 사진을 전부 거꾸로 세워놓은 거야!"

259. 불면증

신경정신과 교수가 학생들에게 강의를 하고 있었다. 그러나 열강하는 교수의 심기를 건드리는 학생이 하나 발견됐다. 수업시간에 졸고 있었던 것.

"학생! 지금 뭐하는 거야!"

빌띡 일어나는 학생, 흐르던 침을 닦는다.

"교수님 강의 내용에 열중하다보니 이렇게 졸고 말았습니다."

"뭐야!"

"교수님이 지금 강의한 내용이 '불면증환자진료방법'이잖아요. 제가 사실 불면증환자거든요."

260. 어금니

의대생 우수정이 남자 친구와 만나 중간고사 이야기를 나누었다.

"시험 잘 치렀니?"

법대 다니는 남자 친구가 묻자, 우수정은 힘없이 대답했다.

"아니, 이번에 0점 나올 거야. 커닝을 하다가 걸리고 말았거든."

"어쩌다가? 문제가 까다로웠니?"

"어금니 수를 묻는 문제였는데 입 벌리고 치아를 세다가 그만 걸렸어."

261. 연기학원

결혼을 앞둔 우수정이 선배언니에게 조언을 듣고 있다.

선　배 : 결혼을 하기 전에 몇 가지 준비할 사항이 있단다. 먼저,
　　　　요리학원에 다니고 꽃꽂이학원을 다녀. 그리고 태권도도
　　　　장에 가서 태권도도 익혀.

우수정 : 언니, 태권도는 왜?

선　배 : 요즘에 남편에게 맞고 사는 여자가 많다는 거 모르니?

우수정 : (고개를 끄덕이며) 그리고 또?

선　배 : 연기학원에서 연기연습을 철저히 받도록 해.

우수정 : 왜?

선　배 : 부부생활은 기나긴 연기생활이거든.

262. 방망이

복서출신의 아버지 밑에 아들 셋이 있었다. 모두 아버지의 운동신
경을 이어받아 첫째는 농구선수, 둘째는 아버지처럼 복서, 막내는
야구선수의 길을 가고 있었다. 하지만 막내는 세컨드 자식.

안방에 모여 있는 아들들에게 아버지는 정신적인 지주 역할을 해
주고 있었다. 장남에게 이어진 아버지 조언,

"넌 잘 때도 농구공을 손에서 놓지 말고 잠을 자거라. 그래야 공
이 손에 익거든."

둘째에게도 같은 조언을 해주었다.

"잘 때도 글러브를 놓지 마라. 그래야 글러브가 손에 익거든."

막내차례,

"너도 방망이를~"

하지만 아버지 말을 가로 막으며 말한다.

"저에게 잠 잘 때 방망이를 손에 들고 자라는 말씀하시려고 했지요? 그래야 손에 익는다는 그 말!"

아버지의 조언은 형들과는 확연히 달랐다.

"인마! 넌 도둑놈 잡으라는 거야! 형들을 지키라고, 방망이를 들고."

263. 하키

필드하키 경기 도중 폭설이 내려 경기운영에 차질이 빚어졌다.

심판진과 경기운영진이 고민에 빠졌다. 경기를 계속 진행할 것인지, 아니면 중단해야 할 것인지를.

이때 심판진 중 한 사람이 좋은(?) 의견을 내놓았다.

"경기 계속해도 됩니다."

운영진 중 한사람이 제동을 걸었다.

"이렇게 폭설이 내리는데 어떻게 경기를 한다는 겁니까? 운동장이 꽁꽁 얼어버렸잖아요!"

"바로 그겁니다."

"……."

"아이스하키 경기로 바꾸면 되잖아요."

264. 떡값

순찰 중이던 경찰이 시장기가 돌아 시장에 들러 순대와 인절미로 요기를 채웠다. 1분 만에 걸신들린 양 허겁지겁 다 먹은 후 계산대에 섰다.

"아줌마, 얼마요?"

"5천 원이요."

그러나 경찰은 웬일인지 순대 먹은 값밖에 계산을 안 했다.

"아저씨, 떡값 주셔야죠!"

"아주머니, 우리 경찰은 떡값과는 아주 상극입니다."

265. 직업병

한 중년남자가 병원을 찾았다.

"꿈속에서 매일 가위에 눌립니다."

"그래요?"

"이 병을 의학전문용어로 뭐라고 부르지요?"

"직업이 뭡니까?"

"이발사입니다."

"직업병입니다."

"이 병을 치료할 수 있는 방법을 알려주시지요?"

"가위 대신 바리캉을 사용해요."

266. 흡연운전

음주단속에 걸린 현수가 경찰에게 주정을 부리고 있었다.

"딱 한 번만 봐주세요."

"안 됩니다!"

"얼마면 되요?"

교통경찰관, 한쪽에서 담배 피우는 여성운전자를 발견한다.

현수가 여자의 흡연 장면을 두고 왈가왈부한다.

"음주운전만 잡고 흡연운전 단속은 왜 안하는 거요?"

교통경찰관은 흡연운전 단속은 도로교통법 조항에 해당 안 된다는 주장을 폈다.

"나 참, 이 양반 눈치도 대개 없군!" 하고 현수가 말했다.

"네?"

경찰은 어리둥절했다. 담배 피우며 운전하는 게 뭐가 이상하냐는 그런 표정을 지었다.

"저 사람이 피우는 담배 이름이 뭔지 알고나 있는 거요! 대마요, 대마초!"

경찰은 침착했다.

"도로교통법엔 대마초에 대한 법률조항이 없습니다."

267. 회복

원로 정치인이 과로로 입원했다. 비리혐의로 검찰 조사를 받은 후 쓰러진 것이다. 정치부 기자가 병원을 찾았다.

"차도가 있으신지?"

"더 악화됐소!"

"빨리 회복하셔야 지요."

"나의 빠른 회복엔 담당의사보다 당신이 더 중요하오."

"무슨 말씀?"

"실추된 나의 명예를 회복하려면 당신이 더 중요합니다. 기사 잘 써주세요."

정치인은 치료비 봉투를 정치부 기자에게 건네주었다.

268. 생활신조

선보는 자리에서 박사학위 소지자 현수에게 여자가 집중적으로 질문을 퍼부었다.

여 : 생활신조를 알고 싶어요.

현수 : 저의 신조는 남북통일입니다. 남북통일에 일조하는 게 제 사명이기도 하고요.

여 : 소원은 뭐지요?

현수 : 하루 빨리 통일을 이루어 복지국가로 가는 게 제 첫 번째 소원입니다.

여 : 그럼 두 번째 소원은 뭐지요?

현수 : 모든 이에게 평화가 머무는 여유가 있는 세상이 되었으면 합니다.

여자, 현수의 사고방식에 일시 감탄한다.

여 : 참 그릇이 크시군요. 세 번째 소원마저 밝히시지요?

현수 : 빨리 취직해서 선 볼 때 찻값 좀 내가 냈으면 좋겠습니다.
      실업상태서 여자를 만난 현수였다.

269. 당 신

정치에 중독된 한 입후보자의 부인이 밤이 되자 분위기를 띄웠다.
"당신이 지금 제일 사랑하는 거 있어요?"
"당신."
"정말?"
"나에겐 변함없이 당신뿐이야."
"여보, 키스해줘."
"갑자기 왜 이래!"
부인을 세게 밀어버린다.
"날 사랑한다고 해놓고선!"
"난, 당신을 사랑해, 당신(黨神)!"
정치인은 당을 신격화한다. 정치는 맹독성이 지독한 중독물질(?)
이다.

270. 인생의 회의

원로 산악인이 한 대학생에게 말했다.
"산 정상을 오르면 많은 걸 알고 하산할 수 있어."
"무엇을 알죠?"
"인생을 알 수 있어."

며칠이 지났다.

"산에 갔다 왔나?"

"네, 국립공원 설악산 정상에 갔다 왔습니다."

"그래 인생을 알았나?"

"네."

산악인이 구체적인 대답을 원하자, 대학생 왈,

"바가지요금과 쓰레기 무단투기를 일삼는 인간쓰레기를 원 없이 보며 인생의 회의를 알고 하산 했습니다."

271. 국 영 수

교육부에서 대대적인 개편, 발표를 했다.

"대학입시 중요과목 대대적 수술! '국 영 수'로 전격 교체!"

하지만 여론의 반응은 시큰둥할 뿐이다.

"뭐가 바뀌었단 거야! 그대론데."

구체적인 개편내용; 국(국민윤리) 영(영어) 수(수학)

(국민윤리 과목의 내신 반영비율 확대와 실기시험 첨가)

지식보다는 德(도덕)이 우선이라는 전인교육을 강조한 것.

272. 경제

경제부 기자가 두 부류 사람에게 질문했다.

기자 : 돈이 어디에 있다고 보십니까?

서민 : 은행에 있지요.

재벌 : 경제에 있지~

273. 운전

택시기사 종수가 여자 친구와 함께 교외로 드라이브를 나갔다. 종수는 기사도(?) 정신을 발휘, 두 손 모두 핸들을 놓고 아주 위험하게 운전을 했다. 때마침 순찰차가 이 모습을 목격했다. 경찰이 다가와 스티커 발부를 하려 한다.

"면허증 제시해 주세요."

종수가 "왜 그러시죠?"라고 하자, 경찰 반응은 이랬다.

"곡예 운전하셨습니다."

274. 몽유병

사이비 목사의 설교를 듣고 광신도들이 손을 들고 춤을 추고 있었다.

사회부 기자가 교회 건물 관리인을 만났다.

"성도들이 목사님 설교에 깊은 감동을 받았나 보군요?"

"그게 아니에요. 설교내용이 매일매일 그 말이 그 말이라 성도들이 지루해서 잠자는 거예요."

"저게 잠자는 거예요? 춤추는데."

"저건 잠꼬대하는 거예요. 몽유병 환자들이거든요."

275. 11조

목사들끼리 재정 이야기를 나누고 있었다.

"자네 교회 어떤가?"

"아주 풍요로워."

"그래?"

"한 재벌총수가 십일조를 했거든."

재벌총수는 집사 직분 자.

"얼말 했는데?"

"11조 했다니까."

276. 연기력

엑스트라 현수가 담배 피우는 장면을 촬영하고 있었다.

감독이 지시를 내린다.

"멋있게 피워보세요. 연기를 많이 뿜어서 생생하게 연출해 봐요."

연기를 실감나게 내뿜는 현수, 감독 칭찬이 이어진다.

"연기력이 아주 뛰어나군."

으스대는 현수,

"엑스트라 생활 10년이 넘었으니까 연기(演技)야 끝내주지요. 제가 줄이 없어서 아직 못 큰 겁니다."

감독의 불만이 쏟아진다.

"그 담배 국산인가요? 연기(煙氣)력이 대단한데."

277. 일장기

올림픽대회에서 일본 육상선수가 금메달을 따자, 일장기를 들고 트랙을 한 바퀴 돌고 있었다.

종수가 TV에서 이를 지켜보더니 매우 못마땅해 했다.

"자식, 백기(항복의 표시)들고 난리야! 칠칠치 못하게 백기에다 고추장이나 묻히고."

278. 자장가

시골 갔다 온 우수정에게 남자 친구가 물었다.

"잘 갔다 왔니?"

"졸음운전으로 경찰에 걸렸어."

"범칙금 물었어?"

"아니, 뭘 줬더니 그냥 가래."

"뇌물 줬니?"

"지금이 어떤 시댄데!"

"그럼 뭐야?"

"증거물 하나 보여줬더니 봐주더라고."

"도대체 그 증거물이 뭐였는데?"

"테이프."

"그게 무슨 증거물이야?"

"자장가 테이프거든."

279. 병역

머리가 짧고 덩치가 좋았던 현수가 3년 동안 동네서 통 안 보이다가 어느 날 갑자기 동네 이장과 길에서 마주치게 되었다.

이장 : 그동안 어디 갔다 왔니? 군대 갔다 왔나 보지?

현수 : 네. 그 비슷한 곳에 다녀왔습니다. 해병대보다 더 훈련이
　　　 혹독한.

이장 : 내무반 생활은 요즘 어때? 환경이 좋아 졌나? 나 때는 공
　　　 간이 좁았거든.

현수 : 전, 넓게 사용했어요. 혼자 생활해서 쓸쓸했지만 편했어
　　　 요.

이장 : 그래, 병과는 뭐였니?

현수 : 네?

이장 : 뭐로 거기에 들어갔냐고?

현수 : 아~ 네. 병역기피 죄로 독방생활 했어요.

280. 개

전봇대에다 무단방뇨 하던 중년남자가 경찰에 걸렸다.

"이것 봐요! 왜 무단방뇨를 하는 거요!"

범칙금 고지서를 발부하려는 경찰에게 중년남자는 변명을 한다.

"제가 여기 이사 온 지 얼마 안돼서요."

"무단방뇨하고 이사가 무슨 상관있어요!"

"초행길이라 몰라서 전봇대에 무단방뇨를 한 겁니다. 길을 몰라

서 개들처럼 영역표시를 해놓은 겁니다. 다음에 냄새로 집을 찾아가려고 한 거니 한 번만 눈 감아 주시요."

경찰은 남자의 말을 다 이해하고 입을 연다.

"네. 미안합니다, 몰라봐서."

경례 붙이고 예의 갖추는 경찰,

"잘 가십시오. 이 개새끼야!"

중년남자는 범칙금 낸 것보다 기분이 더 안 좋았다.

281. 체조

현수와 경수가 동네 뒷산에서 아침운동을 하고 있을 때였다.

현수는 한쪽에서 운동을 열심히 하고 있는 매력만점의 섹시한 여자에게 눈이 가 얼이 심히 빠진 상태였다.

"야! 정신 차려 인마!"라고 함께 간 경수가 소릴 지른다.

"야, 저 여자랑 안 될까?"

"절대 안 돼!"

경수는 여자에 대해 잘 아는 눈치다.

"왜 안 된다는 거야?"라고 현수가 묻자, "저 여잔 지금 체조를 하고 있잖아"라고 경수가 이유를 밝혔다.

"체조 끝나고 만나는 건 좋은데 저 여자 조심하는 게 좋을 거다. 지금하고 있는 체조가 임신체조거든. 한두 번 해본 솜씨가 아니야."

282. 예수님

광신도 부인과 사는 남자가 술 취해 들어와 대판 아내와 싸웠다.

남 : 당신 누구랑 사는 거야!

여 : 난 예수님과 결혼했어요!

충격 받은 남편, 이성 잃고 부인 똥배를 오른발로 걷어찬다.

고통을 호소하는 부인, 자신의 주장을 굽히지 않는다.

여 : 난, 이미 꿈속에서 수차례 예수님과 깊은 관계(?)를 맺고 예수님 아이를 임신했어요.

남 : (조소를 띄우며) 내가 지금 발로 세게 차서 유산됐을 걸 아마.

283. 발명 차

북한 김정일이 남한 대통령의 초청을 받고 방한했다.

남한의 유명 발명가가 발명한 초소형 승용차 시승을 해보기 위해서다.

잠시 후, 김정일은 시승차에 오르고 곧 차는 출발했다.

차 안에는 김정일 혼자 탈 수밖에 없을 정도 초소형이다.

김정일은 힘차게 아주 무섭게 액셀러레이터를 밟아 질주했다.

이때 이 차의 발명가가 비명에 가까운 소리를 질렀다.

"앗 차! 이를 어쩐담."

대통령이 발명가에게 물었다.

"왜 그렇게 놀라세요? 뭐가 잘못 됐나?"

"하나가 빠졌습니다."

"나사가 하나 빠진 모양이군?"

"브레이크를 깜박하고 안 만들었습니다."

284. 저세상

종수가 출근 준비하는 아빠를 쳐다보며 엄마에게 물었다.

"엄마, 아빠 지금 어디 가는 거야?"

엄마의 대답은 무서웠다.

"저세상에 가는 중이다!"

"저세상?"

엄마의 장황한 설명,

"직장에 들렀다가, 식당에 가고, 술집에, 다시 집으로… 이런 식으로 개미 쳇바퀴 돌 듯 돌다가 최종 목적지인 저세상에 당도하는 거란다."

285. 세계화

과거에 연연하는 사람이 있었다.

"918~1392년은 무슨 시대지?"

"고려시대."

"1392~1910년은 무슨 시대지?"

"조선시대."

"그럼, 5공화국은 무슨 시대지?"

"군사정권 시대라고 하지."

"그럼, 6공화국은?"

"물론, 군사정권 시대지."

"그러면, 세계화 시대는 영어로 뭐라고 부르지?"

"IMF 시대지!"

286. 머리 부상

월드컵 4강 신화의 주역이 에이매치 출전자 명단에서 제외됐다.

기자가 감독에게 그 이유를 물었다.

"왜 이런 현상이 벌어진 거지요?"

"머리부상이 심합니다."

"헤딩이 불가능한 겁니까?"

"그것보다, 뛰기 힘들어서. 수술도 힘든 상태입니다."

"뛰면 머리가 울리기라도 한 건가요?"

"정신력에 큰 문제가 생겼어요!"

"머리를 아주 크게 다쳤군요."

287. 장인어른

장인과 사위가 오랜만에 술자리를 마련했다. 취기가 돌자 장인의 버릇이 나온다.

"인생은 만남이야. 성경을 읽을 땐 우린 예수를 만날 수 있고, 논어를 읽으면 공자를, 파우스트를 읽게 되면 괴테와 만나는 거라고.

또 팡세를 읽으면 파스칼을, 난중일기를 읽으면 이순신 장군을 만나 볼 수 있지~"

사위, 지루함의 고통을 털어놓는다.

"장인어른! 장인어른을 만나려면 무슨 책을 읽어야 합니까!"

288. 다이어트 법

담배 피우기를 즐기는 우수정의 모습을 친구 경자는 못마땅한 눈치다.

"너는 왜 백해무익한 그 담배에 미련을 못 버리는 거니?"

"담배 피우면 다이어트에 좋거든. 살이 쭉쭉 빠져서 닐씬해진단다. 한 달 만에 2~3kg 빼는 건 우스워."

우수정의 작은 설명에 혹하는 경자,

"정말 담배 피우면 살이 빠져?"

"그렇다니까, 담배 피우다가 남편한테 들켜봐(두들겨 맞으면⋯) 살이 쭉쭉 안 빠질 레야 안 빠질 수 없지."

289. 절

사이비 절(卍)이 하나 있었다. 주지승은 불자들에게 밥 먹듯 거짓말을 해댔고, 여기에 반기를 드는 불자도 하나 있었다. 이 불자는 주지승에게 절의 이름을 당장 바꾸라는 엄포를 내렸다. 농담이 아니었다.

불자의 뜻에 따라 절 이름이 바뀌었다. 그러고 나서 불자들이 하나둘 이곳을 빠져나가고, 사람들의 발길이 끊기면서 문을 닫게 되었다.

바뀐 절의 이름은 '만우절'이었다.

290. 불면증 환자

사이비 목사가 언론을 이용해 자신을 많이 알리고 있었다. 안수기도로 고질적인 불면증에 시달리고 있는 많은 이에게 무료로 치료를 해준다는 내용이다.

교회로 기자가 찾아가 물었다.

"어떤 환자를 치료한다는 말인가요?"

"불면증환자 5천 명을 무료로 완치시켰습니다."

비결을 묻는 기자에게 목사는 자신을 자랑했다.

"순전히 저의 힘 있는 말씀 덕분입니다."

"말씀이요?"

"제가 설교를 시작했다하면, 모두들 잠들거든요. 쿨쿨!"

291. 돈과 돌

재벌가와 바보가 기자 앞에 앉았다.

재벌가에게 먼저 기자가 질문을 던졌다.

"길에 있는 사람들이 무엇으로 보입니까?"

"사람들이 전부 돈으로 보입니다. 돈이 마구 굴러다니는 모습이 눈앞에 아른거립니다."

이번엔 바보에게 질문했다.

"길가에 많은 사람들이 무엇으로 보입니까?"

"사람들이 전부 돌로 보입니다. 돌이 굴러다니는 것 같습니다."

292. 개인택시

시내서 미국인이 개인택시를 잡아타고 불만을 토해냈다. 난폭운전의 정도가 심해서다.

이윽고 목적지까지 불안한 가슴을 안고 도착한 미국인, 개인택시에게 요금을 주며 복수를 결심한다.

그는 '개인택시'라고 쓰여 있는 글자 앞에 내직으로 아주 두껍고 크게 '미' 자를 쓰고 내렸다.

'미개인택시'

293. 직업병

공원벤치에 남자 셋이 나란히 앉아 소주를 들이키며 신세한탄을 하고 있었다. 한 명은 용접기사이고, 또 한 명은 돌아다니며 구두닦이였다.

먼저 용접기사의 입이 힘겹게 열린다.

"나는 요즘 직업병 때문에 일을 더 이상 못해. 눈에 이상이 왔어. 일종의 마비증상인 것 같아."

구두닦이의 푸념도 만만치 않다.

"나도 직업병 앓고 있어. 코가 거의 마비 상태야. 손님들 발 냄새만 맡아도 속이 울렁거리니까."

두 사람 사이에서 아무 말 없이 그저 먼 산만 바라보는 남자에게 구두닦이가 묻는다.

"당신은 무슨 직업병을 앓고 있소?"

그러나 이 남자는 갑자기 소릴 버럭 지른다.

"누구 약 올리는 거요! 나도 한 번 그런 병이나 걸려봤으면 소원이 없겠소!"

잠시 후 감정 삭이며 중얼거리는 남자,

"실업자 앞에서 직업병 얘기하면 곤란하지!"

294. 휴가

부대에서 여군들이 문제를 일으킨 모양이다.

김 대위가 김 소위를 심각한 표정으로 호출해 자신의 골칫거리를 털어놓는다.

"여군들 때문에 골치 아파 죽겠어, 관리가 통 안 돼."

"왜, 무슨 일이라도?"

"앞으로 휴가 내보내지 말아야겠어!"

"남자들은 휴가를 내보내는데 형평성에 맞지 않게 어떻게 여자들을 안 보냅니까!"

김 대위가 깊은 한숨을 내뱉는다.

"큰 문제가 생겨서 그렇다네."

"뭔가요?"

"3개월 전에 휴가 갔다 왔던 이 중사 말이야."

"이 중사가 왜요? 잘못 되기라도 했나요?"

"이번 신체검사 결과가 안 좋게 나왔거든."

"무슨 병이라도?"

"임신 3개월 이래!"

295. 명예

현수가 오랜 실업자 생활을 청산하기 위해 한 중소기업에 응시해 면접을 보고 있었다.

면접관 : 우리 회사에 입사를 하면 어떤 각오로 일할 겁니까?

현　수 : (주먹 불끈 쥐며) 회사에 명예를 걸겠습니다.

면접관 : (심드렁한 표정으로) 겨우 그 정도의 각오로 일을 하겠다고요?

현　수 : 명예를 걸고 한다니까요.

면접관 : 그까짓 명예가 뭐 그리 중요하단 거요?

현　수 : 저한테 세상에 하나밖에 없는 아주 소중한 것입니다.

면접관 : 만약, 회사 명예에 금이 간다면 어떻게 하겠소?

현　수 : 제가 제 명예를 사장님께 드리겠습니다. 명예를 맘대로 하십시오.

면접관 : 자네가 말하는 명예란, 대체 무엇인가?

현　수 : 제 아내입니다.

면접관 : 아내라고?

현　수 : 제 와이프 이름이 명예입니다. 김명예.

296. 경영철학

중국인 특파원이 독일 기업회장과 일본 기업회장, 그리고 한국의 기업인을 만나 차례로 물었다.

먼저 독일 기업인에게 경영철학을 물으니 대답은 이러했다.

"친구를 잘 사귀는 겁니다."

"어떤 친군가요?"

"교수입니다. 저에게 정신적인 조언을 해주는 경영학과 교수입니다."

일본인에게도 같은 질문을 던지자, 일본 기업인이 밝히는 것도 친구 잘 만나는 게 경영의 노하우였다.

"어떤 친구가 좋은 친구입니까?"

"철학을 하는 친군데 나에게 가끔씩 전해주는 정신적 철학이 기업경영에 많은 도움이 되고 있습니다."

한국 재벌의 차례가 되었다.

"회장님의 경영철학을 말씀해주십시오."

역시 친구를 잘 사귀라는 한마디였다.

"회장님이 사귀는 친구는 누구입니까?"

"정치를 하는 현역 국회의원입니다. 제가 기업을 경영하는데 많은 힘(?)을 준답니다."

297. 기립박수

한 전직 대통령의 작은 소원은 행사장에서 사람들로부터 기립박수 한 번 받아보는 일이다.

그러던 어느 날, 전 대통령이 한 행사장에서 연설을 하기로 돼 있었다. 그런데 행사장에 입장한 모든 사람들은 기립박수는커녕, 자리에서 멀뚱멀뚱 쳐다만 보고 있었다.

한사람도 일어나지 않았다. 전 대통령은 화가 치밀어 연설을 포기하기로 하고 야단을 치기로 결심했다.

"어째 여긴 무식하게도 기립박수 치는 사람 하나 없어!"

윽박지르는 전직 대통령 앞에 사설 경호원이 다가와 속삭이듯 말했다.

"오늘은, 장애인의 날 행사입니다. 저기 안 보이십니까? 전부 다 휠체어에 앉아있는 모습이."

298. 대통령

미국 대통령 후보자에게 정치 대기자가 간단한 테스트를 해보았다.

"미국의 초대 대통령은 누구지요? 이름을 대봐요."

"조지 워싱턴."

"그럼, 16대 대통령은요?"

"에이브라함 링컨."

이번의 대기자 질문은 좀 난해했다.

"그럼, 40대 대통령은요?"

"그건, 레이건이요."

"틀렸소! 레이건은 70대에 대통령을 했소이다."

299. 불

아프리카에서 귀빈 한 분이 방한해 고급 레스토랑에 들어왔다.
"뭘 드시겠습니까?"
웨이터가 묻자, "음식을 주문하기 전에 담배 한 갑 갖다 줘요" 하고 귀빈은 말했다.
"담배는 선불로 하고 있습니다."
"선불? 그럼, 선불 갖고 와. 아무 불로 붙이지 뭐."

300. 술값

한 중년신사가 전 세계의 주류가 나열되어 있는 유명 주류백화점에 들러 양주 한 병을 들었다.
"이 양주 얼마요?"
직원의 대답은 신사를 놀라게 만들었다.
"한 병에 5백만 원입니다."
"한 병에 5백만 원! 왜 이렇게 비싼가? 50년간 숙성시켰나?"
"아닙니다. 술병에 다이아가 박혔거든요."

301. 준비물

담임이 아이들에게 내일까지 변을 받아오라는 말을 전했다.
채변검사를 이런 식으로 할 모양이다.
며칠이 지나 채변검사 결과가 나왔다.

"지금 호명하는 사람은 회충 있다. 김현수!"

약봉지 주는 선생님,

"식후에 두알 먹어라."

현수가 집으로 돌아와 엄마에게 약봉지를 준다.

"엄마 회충 있데. 식후에 두알 먹어."

귀찮아하는 엄마,

"이제부터 준비물이나 과제물은 네가 직접 챙겨!"

302. 사형

금주학교에서 근무하는 간호사에게 기자기 여러 음주형태를 물었다.

기 자 : 음주 빈도와 음주량 모두 높은 형태를 뭐라고 부릅니까?

간호사 : 두주불사 형이라고 합니다.

기 자 : 빈도는 낮지만 음주량이 많은 형태는요?

간호사 : 그건 폭음 형이지요.

기 자 : 횟수는 많으나 음주량이 적은 형태는요?

간호사 : 반주 형입니다.

기 자 : 횟수와 음주량 둘 다 적은 형태는 뭐지요?

간호사 : 생색 형이지요.

기 자 : 그럼, 하루도 안 빠지고 365일 폭음하는 것을 무슨 형이라 부르나요?

간호사 : 사형(死形)입니다.

303. 자격의 공통점

대학입시를 앞둔 현수와 우수정이 대학과 국회의원에 대해 언급 중이다.

"대학에 들어가는 게 국회의원 선거와 거의 같은 거 같아."

"어떤 점에서?"

"자신의 적성은 뒷전이고 일단 붙고 보자는 점이 똑같잖아."

"또?"

"눈치가 빨라야 한다는 점도 매우 흡사하고."

"또?"

"(임기) 4년 동안이잖아."

"또 공통점 있어?"

"응. 자기 자신을 위한, 자기 출세를 위해 생존경쟁을 하지."

"다른 점도 있을 법한데."

우수정은 대학입시와 국회의원 선거의 다른 점을 밝힌다.

"일단 합격(당선)되면 대학은 성적이 안 좋으면 잘리지만(학사경고에 의한), 국회의원은 성적(?)이 안 좋아도 잘릴 염려 없어."

우수정의 주장은 '대학 = 실력, 국회의원 = 권력' 이라는 등식이다.

304. 나라 걱정

카페에서 한 남자가 중년여성 앞에서 메모지에다 열심히 무언가를 메모하며 고민을 하고 있었다.

"정치 경제 사회 문화 헌법, 이게 걱정이야."

"어느 정도의 진척이 돼 가냐?"

남자의 걱정이 태산만 같다.

"정말 큰일이야. 정치 경제 사회 문화가 큰일이야. 우리나라가 과연 어디로 가는지를 모르겠어. 내가 제일 먼저 해결할 큰 과제는 경제일 것 같아. 거시 경제."

이때 옆에서 두 사람 대화를 엿듣던 노인 한 분이 조용히 끼어들며 남자에게 물었다.

"젊은이, 국회의원 후보인가? 나라 걱정을 다하고~"

"네? 무슨 말씀이세요, 할아버지?"

"경제 걱정을 하고 있었잖아. 정치하는 사람 아니야?"

"아닌데요. 전 5수생인데요. 얼마 남지 않은 고시 걱정하고 있는 거랍니다."

305. 다이어트

복싱 다이어트를 개발한 전 동양챔피언 K씨가 한 뚱女에게 정신교육을 시키고 있다.

K : 다이어트를 하기 위해서는 강한 정신력이 필요합니다.

뚱 : 그게 뭐지요? 체중을 빨리 빼고 싶어요.

K : 체중을 줄이고 싶으면 강한 정신력이 필요합니다.

뚱 : 그게 뭐냐구요?

K : 헝그리 정신!

306. 한약

바보 둘이 바보가 된 연유를 서로 묻고 있었다.

바보 1 : 바보가 될 수 있었던 계기가 있었을 법한데.
바보 2 : 어려서 한약을 잘못 먹어서 이렇게 된 거야. 너도 한약
　　　　때문에 그렇게 됐지?
바보 1 : 아니야, 난 마약을 잘 먹어서 그래.

307. 면제

현수가 대기업에서 면접 중이다.
면접관 : 군대생활은 어디서 했나요?
현　수 : 징집면제 받았습니다.
면접관 : 면제사유는?
현　수 : 장애 때문에~
면접관 : 무슨 장애 때문에 면제까지 받아?
현　수 : 성격장애 판정을 받았습니다. 군대면제 받기 위해서 '돈
　　　　+ 로비 활동'을 했더니, 이런 판정이 나오더군요.
인상 쓰는 면접관에게 현수가 평상시 버릇처럼 잘 봐달라는 뜻이
담긴 돈 봉투를 준다.
현　수 : 이거 얼마 안 됩니다만, 잘 부탁드립니다.
면접관 : 자네! 이 사회에서 영원히 면제받고 싶나!
현　수 : 봉투 안에 천만 원 들어 있습니다.

면접관, 크게 화가 난 상태.

면접관 : 자네, 면제야! 입사 면제!

현 수 : (중얼거리며) 돈만 주면 모든 게 다 면제 되는 구나~

308. 뒷모습

여자 뒷모습에 반해 결혼을 결정한 남자 셋이 기자와 대화중이다.

기자 : 부인의 어디가 그렇게 맘에 들었던 건가요?

남 1 : 뒤에서 본 아내의 길고 탐스런 머릿결에 순간 반한 겁니다.
　　　아주 풍족한 머리숱에.

기자 : (남 2에게) 부인의 어디가~?

남 2 : 뒤에서 본 아내의 풍만한 엉덩이에 '뿅' 가버렸습니다. 아
　　　내는 목욕탕에서 나오던 길이었습니다.

기자 : (남 3에게) 어디가 맘에 들었나요?

남 3 : 아내의 풍만한 핸드백에 반해 버렸습니다. 아내는 은행에
　　　서 돈을 찾아 나오던 길이었지요.

309. 승진

디자이너 우수정이 승진을 위해 회사임원을 상대로 로비를 할 태
세다. 인사부장과 좀 더 친해지기 위해 사우나를 함께 하기로 하였
다. 그런데 안타깝게도 우수정이 목욕을 하다가 크게 골절상을 입고
말았다.

부상당한 몸을 이끌고 귀가한 우수정을 남편이 발견하고는 걱정

이 이만저만이 아니다.

"왜 그래! 교통사고 난 거야?"

"아니, 사우나에서 인사부장에게 말 한마디 잘못했다가 이 꼴이 된 거야."

"뭐라고 했길래?"

"부장님, 저 좀 한 번만 밀어주세요."

310. 하나님

예배 중에 우수정의 핸드폰이 힘차게 울리자 목사가 화가 났다.

목 사 : 이것 봐요! 밖으로 나가세요.

우수정 : (흐느끼며) 아주 중요한 전화가 왔는데… 흐흑!

목 사 : 누가 전화했나요?

우수정 : 하나님이 전화 주셨어요.

목 사 : (속는 셈치고) 그럼… 앉아요.

4장

뼈 있는 유머

웃음은 가정에서 행복을 꽃피우고,

직장에서 호의를 베풀어주며

친구 사이에는 우정의 증표가 되어 준다.

웃음은 지친 사람에게는 안식이요 낙담한 사람에게는 격려이며

슬픈 사람에게는 희망의 빛이다.

세상의 어려움을 풀어주는 자연의 묘약이기도 하다.

311. 비리 국회의원

한 정치인의 비리는 끝이 안 보였다.

기자 : 의원님, 이제 밝히시지요.

의원 : 뭘 말인가?

기자 : 시치미 떼셔도 소용없습니다. 국민들이 다 알고 지켜보고
　　　있습니다.

기자의 집요한 공격(!)에 국회의원의 입이 솔직해진다.

의원 : 사실, 나 말고도 몇몇 의원들이 밝힐 예정이었습니다.

기자 : 그럼 지금 그분들과 함께 국민 앞에서 밝히십시오.

의원 : 알았소.

의원은 대답을 하고, 잠시 후 10여 명의 국회의원과 일렬로 서서
전기를 끄고 엄숙한 분위기에서 밝혔다. 촛불을(주 : 촛불시위; 비
리를 절대 못 밝히겠다는 시위).

312. 깨끗한 정치

중학생 딸애가 TV에서 정치인들의 싸우는 모습을 보았다.

딸 : 아빠, 정치는 어떻게 해야 옳아?

아빠 : 우리나라는 깨끗한 정치가 필요하단다.

딸 : 아아, 그래서 정치인들의 '세탁' 이 끊이질 않는구나.

아빠 : 세탁?

딸 : 돈세탁 말이야!

313. 선진국

경제학자 우수정이 남자 친구 현수를 만났다.

우수정 : 우리나라도 이젠 선진국인가 봐.

현　수 : 어떤 면을 보고 그렇게 단정을 짓는 거야? 최근 무역수지
　　　　가 좋아진 모양이지?

우수정 : 그건 아니야.

현　수 : 그럼 왜 선진국이라는 단어를 쓰는 거야?

우수정 : 이혼율, 자살률, 실업률이 모두 늘어 거의 선진국 수준
　　　　이야.

314. 독립군

우수정이 1년을 넘게 백수생활을 하고 있는 남편에게 큰 맘 먹고 잔소릴 해댔다.

"취직할 맘 없는 거야? 우리 이제 아이도 가져야 할 것 같고, 부모님께 용돈 타 쓰는 것도 얼마나 창피한 일이야."

"야! 왜 잔소리야! 우리 집안은 독립군 집안이야. 독립군!"

"당신 집안이 독립군 집안이면 뭐해! 당신 자체도 독립을 못하는 바본데."

315. 정치병

정치인들의 당리당략은 우리나라에서만큼은 좀처럼 사라지기 힘

들 것으로 내다보인다.

　소신 없는 정치활동에 신물이 난 우수정이 아빠에게 다가간다.

우수정 : 아빠, 왜 정치인들은 당을 많이 만드는 거야? 있는 당이
　　　　 나 잘 관리하지.

아　빠 : 당이 많으면 병 걸린단다.

우수정 : 정치병?

아　빠 : 아니, 당뇨병!

316. 지구 멸망

　남편의 방귀에 걱정인 우수정,

"방귀 뀌면 지구가 멸망해!"

"뭐? 말도 안 되는 소리!"

우수정의 해석.

"방귀가 잦으면 똥이 되지, 똥이 잦으면 치질, 치질이 잦으면 암
(대장암), 암이 잦으면 죽음! 죽음이 잦으면 지구를 지킬 사람이 없
어 지구 멸망!"

317. 헌금

　목사가 초신자에게 접근해 꼬드기기 시작한다.

목　사 : 성경은 사도 바울이 쓴 예수님의 전기집이라 할 수 있습
　　　　 니다. 세계 최고의 베스트셀러가 성경책입니다.

초신자 : 그럼 세계에서 제일 많이 팔린 책이 성경이라는 겁니까?

목 사 : 네, 그렇습니다.

초신자 : 언제부터 그렇게 잘 팔린 거지요?

목 사 : 몇 천 년은 계속됐죠.

초신자 : 그런데 오랫동안 팔렸다면 인세(印稅)도 엄청나게 많겠
군요? 그럼, 그 인세는 어떻게 되는 겁니까?

목 사 : 하나님께 드려야지요.

초신자 : 어떻게요?

목 사 : 헌금으로요.

318. 벌

집 짓는 벌 - 일벌

힘 센 벌 - 여왕벌

거대한 벌 - 말벌

더 거대한 무서운 벌 - 재벌!

319. 조깅

사회부 기자가 대기업 총수 두 명에게 취미를 알아보기로 했다.

전자부문에서 대단한 활약을 보였던 기업인에게 묻자, 스키와 골
프가 취미라고 말했다.

"돈이 많이 드는 취미생활을 하는 군요."

이번엔 건설부문에서 활약상을 보였던 기업인에게 물었다.

"취미가 무엇인지 궁금합니다."

"전, 취미가 조깅입니다."

"돈이 안 드시겠군요."

"아닙니다. 돈 꽤 많이 듭니다."

기자는 이해가 안 갔다.

"조깅하는 데 무슨 돈이 많이 드나요?"

"천만 원짜리 운동화를 신고 뛰거든."

320. 지식

초등학교 아이 두 명이 담임으로부터 심한 꾸중을 듣고 있었다. 두 아이는 남의 물건에 손을 댔던 것. 한 아이에게 선생님이 다그쳐 물었다.

"뭘 훔쳤지?"

"현수가 먹고 있던 과자를 훔쳤습니다."

"다음부턴 훔치지 마라."

회초리 두 대를 때리는 담임, 또 한 명의 아이에게도 다그치듯 물었다.

"넌 뭘 훔쳤지?"

"전, 지식을 훔쳤습니다."

"지식? 지식을 훔친 건 죄가 아니다. 그건 용서가 충분히 된다."

이때 담임의 말을 듣고 있던 반장이 끼어든다.

"선생님 제는 책을 훔친 거예요."

321. 최고의 작품

미술연구소에서 근무하는 동양화를 그리는 현수와 서양화가 우수정에게 소장의 특별 명령이 떨어졌다. 큰 전시회에 관한 것이었다.

"국민들의 관심이 큰 만큼 이번 전시회는 당신네들 두 명이서 합숙을 해서라도 멋있는, 이 세상 최고의 작품을 책임지고 만들라고."

소장의 잔소리를 듣고 현수와 우수정은 시내 오피스텔을 얻어 몇 달 동안 최고의 작품을 위해 땀을 흘렸다. 일 년 가까이 작품에 매진해온 이들이 소장 앞에 드디어 나타나 이 세상 최고의 작품을 선보여 주었다.

현수가 소장에게 작품 하나를 안겨주었다.

"이걸 전시해주십시오."

그것은 우수정이 낳은 건강한 아들이었다.

322. 폭발

한 음악회에서는 자주 일어나는 핸드폰 울림소리에 관객들의 항의가 자주 일자, 벽보에 '우리 음악회는 핸드폰이 울리면 폭발하는 곳입니다'라는 경고 문구를 써놓았다. 그런데도 불구하고 음악회가 시작하고 잠시, 핸드폰 소리가 크게 울렸다. 관객들은 공포에 떨었다.

이윽고 관리실에서 덩치가 아주 큰 중년남자가 핸드폰 소리를 낸 당사자의 멱살을 잡고 폭언과 폭행을 자행했다.

성질이 폭발한 것.

323. 공직자 비리

아이 : 공직자비리 신고와 간첩신고의 차이는 뭐야?
엄마 : 오십보 백보다.
아이 : 뭔 소리데요?
엄마 : 강아지도 종류가 두 가지다. 큰 개새끼, 작은 개새끼!

324. 중간

아이 : 엄마, 우리나라는 선진국이야? 후진국이야?
엄마 : 중진국
아이 : 그런 말도 다 있어?
엄마 : 선진국과 후진국의 중간이란 뜻이란다. 중용을 지키는 게
　　　　좋겠지~
아이 : 엄만 참, 내가 성적이 중간이면 꼭 난리법석을 떨면서~

325. 정답

초등학교에서 사회문제를 치르기로 했다. 시사성 짙은 문제로, 이 문제를 틀린 아이는 한 명도 없었다.

문제) 다음 중 틀리게 말한 것을 고르시오.
(1) 고기를 잡는 어부의 눈에는 바다가 보인다.
(2) 산을 타는 산악인 눈에는 산이 보인다.

(3) 나무를 심는 사람의 눈에는 나무가 보인다.

(4) 정치를 하는 국회의원의 눈에는 국민이 보인다.

아이들 모두 정답을 (4)번으로 썼다.

326. 낙하산

지하철 안에서 현수가 어떤 스님에게 물었다.

"스님, 어느 산에 계십니까?"

스님 말투가 신통치 않다.

"난 하산(득도)했소."

"'하산'은 어디 있는 산인가요?"

"큰 스님의 각별한 배려로 산에서 내려왔단 말이요!(세속)"

현수의 비아냥거림.

"절(卍)에도 낙하산(!)이 있군!"

327. 영업사원과 실업자

갑 : 영업사원이 더 바빠? 실업자가 더 바빠?

을 : 바쁜 건 둘 다 똑같아.

갑 : 어째서?

을 : 영업사원은 고객을 찾느라고 바쁘고, 실업자는 직장을 찾느라고 바쁜 거야.

328.신통력

속마음을 들여다 볼 수 있는 신통력 있는 도사를 찾은 미녀,

"제가 입은 속옷 색 맞추어 보세요."

화난 도사,

"아주 맹랑한 성격을 지닌 처녀군!"

"어머, 그걸 어떻게 아셨어요? 역시 도사십니다."

329. 무료

무료로 우산을 고쳐주는 노인에게 기자가 물었다.

"이런 식으로 하면 뭘 먹고 사시지요?"

"돈 줘요."

"네?"

"그런 질문하는 사람에게 돈 받고 삽니다."

330. 과대 포장

땅에 대한 브리핑(과대망상을 심어주기 충분한)을 끝낸 부동산 업자가 땅값을 크게 부르자, 고객이 고개를 흔든다.

"왜 이렇게 비싼 거요?"

"(과대) 포장비가 포함된 겁니다."

"포장?"

"백화점 물건이 왜 비싼지 아세요? 포장비가 포함돼서 그런 거예

요.”

331. 기다림

스승이 제자에게 인생을 알려주고 있었다.

스승 : 인생이란, 기다림의 연속이다. 잘 기다리는 게 중요하다.

제자 : 기다림이요?

스승 : 식사시간을 기다리고, 잠 잘 시간을 기다리며, 손님을 기
다리며, 월급날을 기다리며, 결혼날짜를 기다린다.

제자 : 언제까지 기다려요?

스승 : 최종적으로는 죽음을 기다리는 거다.

제자 : 그건 자살자에게 해당하는 사항 아닌가요?

스승의 말씀이 2시간가량 되자, 제자가 지루한 모양이다.

제자 : 언제 끝나요?

스승 : 기다려 인마!

332. 기도시간

한 성도의 불만이 크다.

성도 : 목사님, 교회 내에 소매치기 범이 있습니다.

목사 : 그래요?

성도 : 매주 기도시간만 되면 돈이 없어집니다. 형사를 불러 철저
한 수사를 해야 됩니다.

목사 : ?

성도 : 기도시간을 없애던가 하세요! 소매치기 범이 너무 무서워
　　　요.
목사의 안색이 별로 안 좋다.
목사 : 난, 당신이 더 무섭소~

333. 자존심

지하철 입구에서 80대 할머니가 껌을 팔고 있었다. 이를 안쓰럽
게 지켜보던 한 젊은이, 껌은 쳐다만 보고 500원짜리 4개를 할머니
가 쥐고 있는 작은 바구니에 던지고 그냥 간다.
할머니가 급하게 부른다.
할머니 : 젊은이!
젊은이 : 왜요, 할머니?
할머니 : 왜 던져! 기분 나쁘게.
거지에게도 자존심 있다.

334. 대통령 삼행시

이승만
이 : 이역만리
승 : 승승장구
만 : 만만하고 당당하게 망명

박정희

박 : 박력 있고 빠르게 경제발전 시킨

정 : 정의의 이름으로 독재에 의해

희 : 희생된 인물(새마을운동)

최규하

최 : 최단 임기의

규 : 규범보인(비독재자)

하 : 하야가 빠른 대통령

전두환

전 : 전과자

두 : 두문분출

환 : 환자(아직까지 입원 중)

김영삼

김 : 김 씨 최초의 대통령

영 : 영원히 못 잊을

삼 : 삼삼한 IMF 제도

노태우

노 : NO!

태 : 태만(물)

우 : 우려(물소리 듣고도 태만)

김대중

김 : 김영삼처럼

대 : 대통령에 목 맨

중 : 중요(?)한 대통령(노벨평화상 수상 10억 상금 받음)

노무현

노 : 노가리

무 : 무채

현 : 현대 포장마차(술 마시며 씹기)

335. 악상

인기 작곡가 셋이 인터뷰 중이다.

기자 : 악상을 어떤 방법으로 얻습니까?

작곡가 1 : 세계여행을 다닙니다.

기자 : 여행경비가 많이 지출 되겠군요.

기자 : (작곡가 2에게) 악상~?

작곡가 2 : 매일 책 한 권 읽습니다.

기자 : 책값이 많이 들겠군요.

기자 : (작곡가 3에게도) 어디서 악상을?

작곡가 3 : 마약을 매일 먹습니다.

먼저 두 작곡가는 각기 여행 중에, 그리고 독서 중에 섭외전화를 받았고 나머지 한 사람도 복용 중에 섭외전화를 받았다. 작곡가 3은 그날 구속수감 되었다. 마약복용을 하고 인터뷰 장소에 나온 것.

336. 좋은 술

중간고사 보러가는 대학생 아들에게 아버지가 부탁했다.
"시험 잘 봐라."
"아버지, 떨려요."
"그럼 소주를 마셔봐라. 아마 안 떨릴 거다."
아버지 말 듣고 학교로 향하는 아들.
저녁 때 다시 만난 부자, 아버지가 묻길.
"안 떨렸지?"
"네. 하나도 안 떨렸어요."
"그럼, 시험 잘 치렀겠네?"
"아니에요. 술 취해서 공부한 거 다 까먹었어요. 기억이 하나도 안 났어요."
"다음 시험 땐 소주먹지 마!"
"네?"
"위스키 마시고 봐. 좋은 술 먹어야지."

337. 설교

신학대학교 나온 아들이 목사가 되어 시무를 앞에 두고 있었다.

목사인 아버지에게 고민을 털어 놓았다.

아 들 : 아버지, 한 시간을 어떻게 채우지요?

아버지 : 성경책만 읽어.

아 들 : 네?

아버지 : 구약 100페이지 가량을 읽어 내려가. 한 시간 다 소비될 거야.

아버지는 30년 전 자신의 경험담을 일러준 것이다.

338. 후진

왕년에 잘 나갔다고 떠벌리고 다니는 사람에게 어르신이 일러주었다.

"위험해, 과거에 연연하는 사람은."

"왜요?"

"자동차 운전할 줄 아나?"

"네."

"운전할 때 전진보다 후진이 힘들고 어렵고 위험해. 시야가 좁아지면서 사람들을 볼 수 없는 사각지대도 있고~"

339. 면제 사유

현수, 취직을 위한 면접 중이다.

면접관 : 군대는?

현 수 : 면제 받았습니다.

면접관 : 면제 사유는?

현　수 : 정신이상자 판정 받았습니다.

면접관 : 그렇게 심했나? 지금은 멀쩡한 것 같은데.

현　수 : 면제 받기 위한 몸부림을 좀 쳤거든요.

면접관 : 어떤 몸부림?

현　수 : 서류 조작을 했어요. 의사의 가짜 진단서를 50여 차례 제출했더니만 지방병무청에서 두 손 다 들더군요.

340. 곤충채집

초등학교 1학년 개학날, 선생님이 곤충채집 숙제를 검사하고 있었다.

경수의 곤충채집은 아주 다양했다. 풍뎅이, 잠자리, 매미, 나비, 고추잠자리 등 셀 수 없을 정도로 정성이 들어가 있는 숙제였다. 경수는 선생님의 칭찬을 들을 수 있었다.

"아주 참 잘했다. 어디서 이렇게 준비를 한 거니?"

"시골 할머니 댁에서 해온 거예요."

그런데 현수의 숙제는 경수와 수준이 달라 아주 더럽고 불결하기 짝이 없었다. 바퀴벌레, 똥파리, 모기, 벼룩 등 다양한 해충이었다.

선생님이 조용히 현수를 불러 물었다.

"넌 왜 숙제가 이 모양이니?"

"저도 할머니 댁에서 해온 거예요."

"할머니 댁이 어딘데?"

"서울이요."

341. 주식

장기실업자에게 사회부 기자가 물었다.
"왜 그렇게 됐습니까?"
"퇴직금을 모두 주식으로 날렸습니다."
"주식에 중독 됐었군요?"
"네."
"여러 종목을 샀었나요?"
"아니요. 전, 주식이 소주입니다."
실업자의 주식은 주식(酒食)이었다.

342. 꿈

정기국회에 출석률이 제일 저조한 국회의원에게 기자가 물었다.
"의원님의 학창시절이 궁금합니다."
"나는 꿈 많은 소년이었지."
"어떤 꿈이에요?"
"주로 개꿈을 꿨고, 돼지꿈은 한 달에 한 번 꼴로 꾸었지."
"네?"
"수업시간은 잠자는 시간이었거든."
"세 살 버릇이 지금까지~"

이 국회의원은 국회 대정부질문 등에서도 엎드려 자기 일쑤다.

343. 다방

다방을 운영한다는 여자와 현수가 맞선을 보게 됐다.

여자의 옷차림은 매우 화려했고 말을 아주 잘했다.

현수 : 나이가?

여자 : 서른네 살이에요.

현수 : 직업은?

여자 : 다방 운영해요.

현수 : 어디서요?

여자 : 한군데서 하는 게 아니고 여러 군데서 운영해요.

현수 : (놀라며) 어휴, 전국적으로요?

여자 : 네.

현수 : 차 마시러 한 번 가도돼요?

여자 : 사시게요? 돈 많아요?

현수 : 찻값이 비싼 가겐가요? 그 다방은~ 다방이름 대봐요.

여자 : 떴다방이에요.

344. 최고

아버지가 현수에게 말씀하셨다. 훌륭한 사람이 되라고.

"무슨 일을 하던지 열심히 최선을 다해라. 모든 일에 미쳐야 그 분야에서 지상 최고가 되는 거란다. 에디슨은 발명에 미쳐 있었고, 포드는 자동차에 미쳐 있었단다. 빌게이츠는 컴퓨터에 미쳐 있었기 때문에 최고가 될 수 있었단다. 넌 지금 무엇에 미쳐있냐?"

"난, 그들과 달리, 정신병원에 안 갈 자신 없어요!"

일에 미치고도 병원에 안 간 그들이 무섭다는 현수였다.

345. 로비

세 명의 남자가 면접을 보고 있었다. 모두들 개성이 짙은 대답으로 면접관을 감동시키려는 노력을 했다. 첫째 줄에 앉은 남자가 자신의 주먹을 불끈 쥔 채 자신감을 보였다.
"이 주먹 안에 무엇이 들어있는지 아십니까?"
"뭐가 들어있지요?"
남자는 자신의 주먹 안에 불굴의 투지가 들어있다고 말을 했다.
두 번째 자리의 남자도 주먹을 쥔 채 면접관에게 말을 했다.
"이 주먹 안에 뭐가 들어있는지 아시나요? 저 역시 불굴의 투지가 들어있습니다."
"각오가 좋습니다."
세 번째 남자의 차례가 되었다. 이 사람도 마찬가지의 수법으로 면접관을 대했다.
"제 주먹 안에 뭐가 들어있는지 아십니까?"
시큰둥해지는 면접관,
"뻔하지요, 불굴의 투지~"
"아닙니다."
이 남자는 먼저 두 남자의 경우와는 확연히 달랐다. 그 의지를 실제상황으로 연결시켰다.

백만 원짜리 수표 세 장을 꺼내 보인다.

"제 주먹 안에는 불굴의 로비자금이 들어있습니다."

"합격!"

346. 똥

한 스타 지망생이 방송 PD 집을 직접 찾아왔다.

PD 집엔 애완견 7마리가 있었다.

"선생님의 취미가 애완견 키우기 인가요?"

"응, 애완견 키운단다."

"그럼 서도 키워주세요."

"그러면 저 강아지처럼 내 똥 먹을 수 있어?"

347. 십자가

한 교회 장로님이 개집을 만들고 있었다. 조립식 개집이었다.

그런데 한참 개집을 만들던 장로님이 한 공구를 보더니만 엄숙히 기도를 하는 게 아닌가.

옆에 있던 부인이 그 이유를 물었다.

"여보, 왜 갑자기 기도를 하는 거유?"

장로님은 공구하나를 손으로 가리킨다.

"이게 내 눈에 보이잖아."

장로님이 가리킨 공구는 다름 아닌, 십자드라이버였다.

348. 돈 냄새

기자 : 어떻게 해야 부자가 될 수 있나요?
재벌 : 돈 냄새를 잘 맡아야지. 사람에게서 돈 냄새가 나거든.
기자 : 돈 냄새 잘 맡는 방법이 뭔가요?
재벌 : 돈과 섹스를 하거나, 잠을 잔다거나, 밥을 함께 먹고 목욕
　　　도~
말 막는 기자,
"됐습니다. 돈에 미쳤군!"

　돈 잘 버는 재벌에게 '돈 사람' 이라고 별칭 짓는 기자다. 돈(?) 사
람

349. 3무

강원도의 3有
지상 – 감자　　해상 – 오징어　　하늘 – 폭설

제주 3多
여자, 돌, 바람

서울 3無
인정, 양심, 도덕

350. 복

갑 : 난 자식 복이 많아.

을 : 자식들이 돈 많이 버나보지?

갑 : 아니, 난 딸부자라구.

을 : 난 여자 복이 많아.

갑 : 아내가 많은가 보지?

을 : 아니야.

갑 : 그럼, 처갓집이 돈 많은 집안이군?

을 : 아니, 난 엄마 부자야.

갑 : 엄마가 돈 많아?

을 : 엄마가 많다구!

351. 직업

목사, 승려, 신부의 공통점?

직업이 없다. 성직자는 직업이 아니다.

대통령과 국회의원의 공통점?

직업이 없다. 위정자는 직업이 아니다.

성직자는 성도들의 헌금과 불전 등에 의해 먹고 산다.

위정자들은 국민의 혈세로 먹고 마신다.

352. 별

현수가 군대 계급을 아빠께 여쭈었다.
"아빠, 탈영병은 계급이 뭐야?"
"별 하나를 달아준단다."
"그럼 준장이겠네?"
"영창을 간다는 말이지!"

353. 무서운 사람

한 노인이 건장한 체격의 젊은이들을 보고 차례로 물었다.
이들은 아주 씩씩하고 몸에 힘이 잔뜩 들어간 상태였다.
체중이 80kg은 족히 넘을 남자에게 노인이 물었다.
"젊은인 군댈 어딜 갔다 왔나?"
"저는 해병대 출신입니다."
옆에 젊은 남자는 특전사 출신이었다.
노인은 두 남자들을 보고 "아주 무서운 젊은 친구들이군!"이라고
나이는 먹었지만 충성 표시를 해주었다.
그런데 깡마른 체격의 젊은 남자도 있었는데, 그는 몹시 자신감을
잃은 상태다.
"자넨 왜 아무 말도 없나?"
"전 면제 받았습니다."
"시시하군."
이때 인상에 힘이 잔뜩 들어간 상태서 자신의 오른손을 치켜들며

외치는 군 면제자,

"전 군대 가기 싫어서 날카로운 과도로 손가락 다섯 개를 다 잘라 버렸는데요."

354. 거짓말 연습

한 토크쇼에 세 명의 스타 지망생이 초대됐다.

MC는 평상시에 콧노래를 부르고 다니는 스타 지망생에게 물었다.

"콧노래를 부르고 다닌다고 들었는데? 그렇게 기분이 좋아요?"

"전 가수 지망생이에요. 그래서 노래연습 삼아 콧노래를 부르는 거예요."

또 다른 스타 지망생은 주위 사람들의 배꼽을 빼놓는 버릇이 숨겨져 있었다.

역시 MC가 묻기를,

"평상시, 사람들을 웃기고 다닌다는 소문이 있던데?"

"난 개그맨의 꿈을 가지고 있습니다. 연습을 하고 다니는 겁니다."

평상시에 주위 사람들에게 거짓말을 하고 다니는 스타 지망생도 있었다.

MC의 인상이 갑자기 나빠진다.

"왜 사람들에게 거짓말을 하고 다니는 거예요? 연기연습을 주로 하기 위해서라는 말이 돌던데?"

"아니요. 잘못, 와전 됐습니다. 전 스타 지망생이 아니고, 정치 지망생입니다."

355. 담뱃값

인기스타 우수정이 모범택시를 탔다. 목적지에 도착하자 우수정
은 택시비를 주며 기사 아저씨에게 다정하게 말했다.

"잔돈은 아저씨 담뱃값 하세요."

철저한 인기관리에 들어간 우수정의 모습, 하지만 기사 아저씨는
기분 나빴나 보다.

"됐어요."

"그냥 받아두세요."

"안 되는데."

"그냥 담뱃값 하세요."

"이것으론 담뱃값 안 돼요. 많이 모자라요."

356. 동문서답

아침 대담프로에 외교관 세 명이 초대됐다.

사회자가 일본에서 주로 활약을 하는 외교관에게 질문했다.

"주로 하는 업무가 무엇인가요?"

"전 주로 한일정상회담에서 주도적인 역할을 합니다. 일어실력이
남보다 뛰어나지 않으면 곤란합니다."

옆의 외교관도 이에 뒤질세라 자신을 과신한다.

"전 한미정상회담에서 대화를 주도적으로 이끕니다. 영어를 잘해

야 회의를 주도할 수 있는 능력이 함양됩니다."

또 한 명의 외교관은 말없이 겸손하게 앉아있었다. 사회자가 말을 걸었다.

"아무 말이라도 해보세요. 멍청하게 앉아만 있지 말고."

"전 남북회담에서 주도적인 역할을 할 예정입니다."

"언어의 장벽은 하나도 없겠군요? 언어소통엔."

기분 나쁜 투로 던진 사회자가 미운 외교관이다.

"나 참, 쟤네들 하고는 도무지 말이 안 통합니다. 동문서답!"

357. 오백 원

중국요리 식당에서 한 중년남자가 자장면 한 그릇을 다 비우고 카운터에서 계산을 하려 한다.

"얼마입니까?"

"3,000원 입니다."

한데 남자는 주인에게 인상을 쓰며 3,500원을 건네주었다.

"오백 원이 더 왔습니다."

"내 돈 아니니까 받아둬요."

"그게 무슨 소리입니까?"

"자장면 그릇 안에서 오백 원짜리 동전이 나왔거든."

358. 시간

매사에 바쁘게 사는 아빠에게 우수정의 불만은 크다.

"아빠, 화장실에서 볼 일 볼 때도 책을 읽으세요?"

"시간을 아껴야 잘 살거든."

"전철 안에선 왜 신문을 읽어요? 사람도 많아서 불편한데~"

"시간을 아껴야 잘 살거든."

"아빠, 왜 걸음을 빨리 걸어요?"

"시간을 아껴야 잘 살거든."

우수정, 한숨을 쉰다.

"시간만 아끼지 말고, 엄마도 아끼세요. 그래야 잘 살아요."

359. 사과상자

우수정은 자신이 좋아하는 인기가수 CD를 듣고 나서 남자친구 현수에게 떠들어댔다.

"이번 CD는 마치 사과 같아."

"달콤한 발라드가 주류를 이룬 앨범이었나 보지?"

"아니, 과일상자는 열자마자 싱싱한 과일이 주류를 이루고 그 나머지 밑의 것은 별로잖아."

머리 곡만 싱싱하고 그 나머지 밑의 음악은 별로라는 우수정의 답변이다.

360. 장례식

악덕 채무자에게 채권자가 전화 걸어 협박조로 말했다.

"돈 언제 줄 거야!"

"여기 장례식장이니까 끊어!"

그 다음날도 같은 내용과 말투의 대화다.

"돈 언제 줄 거야?"

"여기 장례식장이니까 끊어!"

악덕 채무자와 채권자의 같은 대화는 여러 날 이어졌다.

"돈 주지 마."

"왜? + ?"

"네 장례식에 갈 거니까."

361. 사치

매사에 허례허식과 사치를 즐기는 현수가 아내 우수정을 데리고 대형식당에 들어가 여종업원 앞에서 보란 듯이 호기를 부린다.

"아가씨, 이 집에서 제일 비싸고 맛있는 거 다 가지고 와!"

식사를 끝낸 현수는 이번엔 우수정을 데리고 백화점 내 귀금속점에 들어가 사치를 부렸다.

"아가씨, 이 집에서 제일 비싸고 좋은 거 다 내 놔봐!"

귀금속에서 나온 우수정은 남편의 객기가 맘에 들지 않은 표정이다. 갑자기 두통을 호소한다. 현수는 그런 아내를 약국에 데리고 들어갔다.

"아가씨, 이 집에서 제일 비싸고 좋은 약 다 줘 봐요!"

약사는 독일에서 수입한 제일 비싼 독약을 주었다.

362. 평화

초등학교 바른생활 시간에 선생님이 아이들에게 쪽지시험을 치르게 했다. 문제는 자신의 소원을 쓰라는 거였다. 문제가 나간 후 아이들의 답(반응)은 한결같이 '평화'였다.

선생님이 첫째 아이에게 그 이유를 물었다.

"평화? 어떤 평화를 원하니?"

"세계 평화요. 미국과 러시아의 평화를 원하고 있습니다."

두 번째 줄에 앉은 아이에게도 같은 질문을 던지자, 대답은 세계 평화였고, 한국과 북한, 즉 한반도 평화를 원한다고 했다.

셋째 줄의 아이의 차례가 되었다.

"넌 어떤 평화?"

"저도 마찬가지예요. 동진과 서진의 평화를 진정 원합니다. 매일 치르는 전쟁이 너무 싫습니다."

"지구상에 동진과 서진이라는 나라도 있니?"

"동진은 아빠, 서진은 엄마 이름이에요. 가정의 평화…"

363. 담배

길을 지나던 한 할아버지가 길 한가운데서 여대생이 담배를 피우는 모습을 발견했다. 할아버지는 노발대발, 여대생을 따끔하게 야단쳤다.

이때 중년남자가 접근해 부실해 보이는 할아버지를 말렸다.

"할아버지, 요즘 애들 다 저래요. 그러니까 그냥 모른 척하고 지나가세요. 그게 할아버지 신상에 좋을 거예요."

할아버지, 이번엔 남자에게 뭐라고 잔소리 한다.

"이것 봐! 어른이 되가지고 담배 피는 모습을 보고 그냥 지나쳐! 저런 모습은 경찰에 신고를 해야 돼!"

오버액션 하는 할아버지를 그저 넋 놓고 지켜만 보는 중년남자다.

"…"

"이것 봐, 저 여학생이 피는 담배가 어떤 담밸 줄 알아!"

"무슨 담밴데요?"

"대마야, 대마초."

364. 전문가

부동산 전문가의 분류
예 : 상가전문 공인중개사
아파트전문 공인중개사
모텔전문 공인중개사

가수의 분류
예 : 발라드 잘 부르는 가수
트로트 잘 부르는 가수
댄스 가수

목사 분류
예 : 기도 잘하는 목사

찬송 잘하는 목사

설교 잘하는 목사

365. 사람 자격

두 살인범이 재판관 앞에 서서 죄과를 치를 준비를 하고 있었다.

재판관이 살인범에게 물었다.

"넌 뭐로 사람을 해치웠나?"

"전 승용차로 사람을 죽였습니다. 순전히 실수로… 흐흑."

뒤늦게 뉘우치는 살인범이 안타까워 보인다.

"교통사고였구나."

재판관의 판결결과는 '운전자격 박탈' 이었다.

나머지 살인범에게 재판관이 같은 질문을 했다.

"넌 무엇으로 살인을 저질렀지?"

"전 공기총으로 곰 사냥을 하다가 그만 실수로 사람을 죽이고 말 았습니다. 순전히 실수로."

밀렵꾼에게도 재판관은 판결을 내렸다.

"넌 사람(인간) 자격 박탈이다!"

"쉽게 말해주세요."

"사형이라고!"

366. 패러디 시대

조용필 : 조영필

패티김 : 패튀김

나훈아 : 너훈아

이승만 : 저승만

전두환 : 난두환

김영삼 : 김인삼

김대중 : 김대충

367. 수학적인 답

카리스마가 넘치는 법학과 교수가 수학식 법률상식 문제를 출제했다. 문제에도 교수의 가리스마가 들어있었다.

문제) 다음 가로 안에 알맞은 말을 삽입하시오.
폭행 + 배임죄 + 사기죄 + 뇌물죄 + (   ) = 무죄

대부분의 학생들이 가로 안에 삽입한 답은 정치인(또는 돈)이었다.

368. 손님

남대문 시장에서 노점상을 하는 한 남자가 폭력혐의로 경찰에 체포됐다.
"이름 뭐야!"
형사의 반말이 귀에 거슬린 듯.

"이거 손님한테 너무 불친절한 거 아뇨!"

"뭐야! 손님이라고?"

"난 당신 손님이라고. 나 같은 사람이 없으면 당신, 입에 풀칠할 수 있겠소!"

비아냥거리는 남자에게 형사의 일침이 보기 좋게 가해진다.

"이것 봐. 우린, 손님(?) 없어도 돈 나와."

369. 구원

선교사의 모습을 본 현수가 엄마에게 물었다.

"엄마, 저 아저씨 지금 뭐하는 거야?"

"무엇인가를 사람들에게 파는 거겠지 뭐~"

"뭘 팔아?"

"성경말씀을 판다고 볼 수 있지."

"그게 얼만데?"

"구원."

"아주 싸네!"

"그러니까 어느 누구나 살 수 있는 거야."

370. 장유유서

아버지가 버릇처럼 잔소리를 아들에게 한다.

"옛말에 호연지기라는 말이 있다. 내가 아는 사람의 아들은 농사만 짓는 집안에서 꿈을 크게 갖고 공부를 열심히 해서 지금 박사가 돼 있단다. 넌 언제 그렇게 될 거야?"

이에 질세라, 아들도 아버지에게 잔소릴 해댄다.

"옛말에 장유유서란 말이 있습니다. 아버지가 먼저, 그렇게 되시고 나서 제가 곧바로 되겠습니다."

371. 전당포 물건

카지노 인근의 전당포 안에 아주 아리따운 아가씨들이 여러 명 앉아있었다. 현수가 이를 보고 전당포 주인에게 물었다.

"아저씨, 여긴 왜 여직원이 이렇게 많아요?"

"이건 여직원이 아니야."

"그러면요?"

"손님(남편)들이 맡겨둔 물건이야."

372. 차선변경

현수가 순경시험에 합격해, 첫 순찰을 나가 교통위반자를 적발했다.

"차선위반 하셨습니다."

차선을 위반한 자의 입에서는 술 냄새도 났다.

"음주운전도 하셨습니다."

위반자는 현수에게 사정을 했다.

"싼 거로 하나 끊어 주쇼."

처음 단속한 현수에 비해 적발된 자는 많은 위반을 한 경험자인 것처럼 보였다.

현수가 선배 경관에게 무전으로 물었다.

"선배님, 차선변경과 음주운전 중에 어떤 게 더 비싸지요?"

"그야, 차선변경이 더 싸지."

"네, 잘 알았습니다."

현수가 선배의 조언을 듣고 위반자에게 확실하게 말을 전했다.

"선생님께선 차선변경과 음주운전을 하셨습니다."

373. 외제 병

외제 병에 심하게 걸린 여자가 하나 있었다. 이 여자는 머리서부터 발끝까지 외제가 아니면 몸에 걸치거나 입지 않는다. 귀고리서 발찌까지, 그리고 치마, 바지, 브래지어, 팬티 등 모두가 외제 일색이다.

그러던 어느 날, 이 여자는 무리하게 백화점 쇼핑을 하다가 그만 빈혈로 길에서 쓰러지고 말았다. 평소에 무리한 계획을 세워 다이어트를 한 결과이고, 양식을 편식해서 나온 결과이다. 체질에 맞지도 않는 양식을 소식했던 게 결정적인 병에 걸리게 된 원인이었다.

급히 수혈이 필요했던 의사는 이 여자와 동일한 RH(-)B형의 피를 수소문 끝에 어렵게 구할 수 있었다. 정신이 가물가물한 이 여자는 의사에게 숨이 넘어가는 소리로 말을 했다.

"선생님, 그 피 한국사람 거예요?"

의사는 "물론, 한국사람 거지요"라고 당연하다는 듯 대답했다.

"그럼, 전 그 수혈 안 받을래요."

"왜 안 받겠다는 거죠?"

"미국사람의 피, 미제 피로 수혈, 받을래요."

여자는 끝까지 외제 피를 수혈 받겠다는 고집을 부린 끝에 사망하고 말았다.

자유가 아니면 죽음을 달라가 아니라, 미제가 아니면 죽음을 달라는 것이었다.

374. 욕심

현수에게는 아들만 셋이 있고 다 장성해 각각 맡은바 일을 열심히 하고 있었다. 이들은 오랜만에 현수생일을 맞아 오붓한 저녁식사를 하기로 했다.

식당을 운영하는 장남이 아빠에게 물었다.

"아버지 전 돌 때 상에서 뭘 집어 들었나요?"

"넌 숟가락과 젓가락을 집었단다."

"아아, 그래서 제가 지금 식당을 하고 있나 봅니다."

야구선수인 둘째도 돌 때 무엇을 들었는지 궁금해 했다. 아빠는 야구방망이를 집어 들었다고 말해주었다.

막내차례가 되었다.

"전 뭘 집어 들었나요?"

"넌 상에 있는 걸 다 집어 들었다!"

막내는 정치 지망생.

375. 국립

일요일, 오랜만에 노 대통령은 나라가 세운 국립시설을 시찰하고 밤늦게 청와대로 돌아와 영부인과 마주 앉았다.

"어땠어요? 오늘 하루."

"산은 산이요 물은 물입니다. 그러더군, 사람들이."

"어디를 다녀왔는데요?"

"국립공원에 다녀왔거든."

"또 다른 곳은요?"

"의술은 하늘이 내려준 축복입니다. 그러더군, 사람들이."

"어디에서요?"

"국립의료원에서."

"다른 곳은요?"

"야 인마, 잘 가라! 그러더군."

영부인이 놀란다.

"아니! 어딜 다녀왔는데, 그런 막말을 해요! 그 사람들 미친 거 아냐!"

"당신이 그걸 어떻게 알았어, 내가 국립정신병원에 다녀온 걸."

"환자들이 곧 퇴원해도 괜찮을 것 같군요."

376. 공통점

식인종 아빠에게 아들이 종교인에 대해 물었다.

"목사와 스님, 그리고 신부의 공통점이 뭐야?"

아빠는 구체적으로 설명을 해주었다.

"먼저, 목사는 술 담배를 먹어선 안 되고, 승려는 고기를, 신부는 여자를 함부로 먹어선 안 된다는 거야."

377. 시위

한 교회에 성도들과 장로의 의견을 무시한 채 목사가 다른 사람으로 교체되었다. 그 사람은 안타깝게도 사이비 목사였다. 교인들은 도저히 참을 수가 없어서 목사의 강제퇴진을 위해 거리시위를 벌였다. 다행히 시위방법이 기발해 금방 효과를 볼 수 있었다.

모든 교인의 삭발(중머리) 시위였다.

378. 무덤

노랑이 갑부가 하나 있었다. 그의 가난한 친구가 어렵고 조심스레 물었다.

"자네의 그 많은 돈을 어디다 쓸 건가? 너무 인색하다는 느낌이 드는 건 나뿐일까?"

노랑인 친구의 말에 불끈한다.

"인색이라니!"

친구의 조언이 따른다.

"쓸 땐 쓰라는 걸세. 죽을 때 가지고 가지도 못할 거, 없는 이를 위해 좀 베풀게나."

"이 봐, 난 지금 죽으면 묻힐 무덤을 두 개씩이나 사놨어."

"왜 무덤에까지 욕심을 내나?"

"하나는 내가 들어갈 곳이고, 또 한 곳은 돈을 넣어둘 무덤이라네."

379. 치 자

제사상에 꼭 올려야 할 것과 그렇지 않은 것이 있다. 고인이 생전에 좋아했던 음식을 선택하는 것이야 상관없을 수도 있겠지만 생선은 필히 올려놓아야 제사상의 구색이 맞는 것이리라. 그렇지만 치자로 끝나는 생선을 올려놓는 것은 금기시 한다.

며느리와 시아버지의 대화다.

"아버님, 제사상에 필요 없는 생선이 있다고 들었는데."

"삼치, 참치, 꽁치, 갈치, 가물치 등의 생선들은 제사상에 올려놓으면 조상님들로부터 아주 심한 질책을 받을 것이니라."

"그럼 제사상에 오를 것은 뭐예요?"

보란 듯이 두 말없이 내뱉는 시아버지,

"정치!"

380. 살인범의 소원

사형집행장에 사형수 네 명이 판사의 언도에 따라 죽임을 당하게 되었다. 마지막으로 집행관은 이들에게 소원을 하나씩 들어주기로 했다. 상습적으로 강간을 일삼아 사형이 결정된 20대에게 집행관이 소원을 물었다.

"마지막으로 할 말이나 소원이 있으면 얘기해."

"죽기 전에 예쁘고 잘빠진 여인과 잠자리를 하고 싶소."

집행관은 두 말 없이 사형수 소원을 들어주었고, 내친김에 이번엔 절도범에게도 소원을 물어 들어주었다. 재벌그룹 주소를 알려주어 돈 털기를 은근히 부추겼다. 아마 집행관은 돈이 많은 재벌은 도둑 많이 맞아도 상관없다는 논리인 듯하다.

이번엔 간첩차례. 밥이나 실컷 먹고 싶다는 소원을 들어주었다.

마지막으로 살인범의 소원마저 들어주기로 했다.

그런데 사형수는 자신의 변론을 맡았던 변호사를 뵙고 싶다는 말을 진했다. 집행관이 그 이유를 물으니 사형수는 이를 갈았다.

"변호산 왜?"

"죽여 버리게!"

381. 지도

일곱 살짜리 아들이 여느 때와 마찬가지로 오늘도 이불에 지도를 그렸다. 그런데 오늘은 엄마가 회초리를 안 들고 계시는 게 아닌가.

아들이 의아해 엄마에게 물었다.

"엄마, 오늘은 왜 안 때리세요?"

"오늘, 지도는 아주 훌륭하게 잘 그렸다."

"…?"

"매일 일본 지도만 그리더니 오늘은 우리나라 지도를 기가 막히게 그렸다. 그런데 아슬아슬했다."

"아슬아슬 하다니요?"
"만약, 독도를 안 그렸으면 넌 맞아 죽었다."

382. 코팅

올림픽 최종선발전을 며칠 앞둔 우수정을 위해 엄마의 기원은 간절했다. 여기에 점쟁이의 정성이 들어간 부적까지 가세가 돼 그야말로 우수정을 올림픽 대표로 만들기 위한 초비상이 걸려있다.

그런데 우수정이 건네받은 점쟁이가 직접 제작한 부적은 특이하게도 코팅이 들어간 부적이었다.

우수정이 엄마에게 물었다.

"엄마, 왜 부적이 코팅이 되어있는 거지?"

"그야, 부적이 물속에 들어가면 효험이 없으니까 그렇지."

우수정은 다이빙 선수다.

여느 부적과 달리 값이 두 배 정도 비쌌다. 그건, 코팅 비가 포함돼서 그렇단다.

383. 조선시대

현수가 엄마에게 물어 보았다.

"엄마, 왜 북한은 우리보다 못 살아?"

"국호 때문이지."

"국호가 어때서?"

"조선인민 공화국이잖아." "그게 어쨌다는 거야?"

"국호에 '조선'이 들어 있잖아.
생활수준이 조선시대 정도거든."

384. 담배

운전을 하면서 담배를 피우는 20대 여자의 차를 경찰이 세웠다.
왼손은 핸들을, 오른손은 담배를 잡고 곡예에 가까운 운전으로 주위
운전자들의 주행을 방해했다는 경찰의 판단이었다.
"흡연운전 하셨습니다. 같이 경찰서에 가셔야 되겠습니다."
"아니 담배도 못 피워요! 여자라고 깔보는 거예요!"
"아가씬, 구속감이야!"
경찰이 여자의 담배를 강제로 뺏고 한번 빨아본다.
"대마초잖아!"

385. 직무유기

교통경찰관이 헬멧을 쓰지 않고 오토바이를 과속으로 몰고 가는
여자를 그냥 바라만 보고 있었다. 이를 길을 지나던 한 중년남자가
발견을 하고는 따지듯 물었다.
"당신, 직무유기를 하고 있는 거 아니야!"
경찰은 사생활 침해를 주장했다.
"남의 사생활에 당신이 왜 신경을 쓰고 끼어들어!"
"뭐야!"
"저 여잔 내 마누라란 말이야!"

386. 수출

전직 대통령들이 연이어 법정에 서는 모습이 텔레비전을 통해 전국으로 방영이 되고 있었다. 그 모습을 현수가 발견했다.

현수 : 우리나라 대통령들은 왜 하나같이 저 모양들이야!

아빠 : 그냥 넘어가도록 하자구나. 우리가 흥분한들 무슨 해결책이 나오는 것도 아니잖니.

현수 : (무성의한 말에 반기들며) 무슨 방도를 취해야 나라와 국가가 발전하는 거 아닙니까!

현수, 자신의 생각을 발표한다.

"프로축구와 야구처럼 외국인을 수입해 오는 것도 한번은 생각해 봐야 되지 않겠어요?"

현수의 말은 대통령을 수입하자는 제의였다. 기왕이면 국내외 사정을 우리보다 더 잘 아는 미국사람으로 하자는 제의다.

아빠 : 수입? 수입만 해서는 적자가 심하지 않느냐. 무역수지를 맞추기 위해서 수출도 한 번은 생각 해봐야지 않겠니?

현수 : (! +!) 망하는 건 우리로 족해요~

387. 공권력

경찰관이 식사를 하기위해 차에서 내렸다. 식당은 사람이 별로 없었고 식당주인은 경찰관의 행동을 예의주시했다. 저번에 밥을 먹고도 돈을 안 내고 간 적이 있는 경찰이다.

이윽고 식사를 끝낸 경찰, 긴장의 눈빛이 확연한 주인 앞에 섰다.

"얼마요?"

"3만 5천 원입니다."

경찰의 눈이 휘둥그레진다.

"아니 설렁탕 한 그릇이 왜 이렇게 비싸!"

주인은 조금 전의 일을 생생히 기억해낸다.

"아까 차에서 내릴 때 손님들이 많이 오가는 식당입구에다 더럽게 가래침을 뱉으셨습니다."

일단 식당주인의 용감한 신고정신은 투철해 보였다.

경찰이 화가 났다.

"당신! 서에 같이 갑시다!"

"왜 그리시지요? 지는 그냥 법대로 힌 것뿐인데."

"빨리 갑시다!"

"내가 뭘 잘못했는지를 말해보세요."

"공권력을 침해했소!"

우리나라 경찰은 자신의 기분과 자존심이 상하면 공권력을 들이대 힘과 백그라운드가 전무한 서민들을 못살게 군다.

388. 자동차

음주운전으로 사망하는 사례가 늘고 있다. 원인이야 많겠지만, 여전히 후진성을 면치 못하는 술문화에서 그 문제점이 노출된다. 1차, 2차, 3차는 보통이고 5차까지 간다면 밤을 새워야 하는 지경까지 간다. 건전한 음주문화 정착을 위해 발로 뛰는 시민단체 회장을 기자가 만났다.

"우리나라 술문화 중 가장 문제가 되는 게 무엇인가요?"

대답을 질문으로 대신하는 회장,

"1차, 2차… 5차보다도 더 무서운 게 무엇인지 압니까?"

"10차?"

"아닙니다. 10차보단 '자동차'가 더 무섭습니다."

10차는 그 다음날까지 잠을 자지만, 자동차는 영원히 잠잔다.

389. 장초

길에다 두 사람이 담배꽁초를 동시에 버리자, 때마침 순경이 지나갔다. 경찰은 한 사람은 범칙금으로 3만 원을, 또 한 사람에게는 4만 원의 범칙금을 부과했다.

당연히 후자의 사람이 경찰에게 따진다.

"저 사람보다 왜 내가 범칙금이 더 많은 겁니까!"

경찰은 긴 담배꽁초를 줍는다.

"당신은 장초를 버렸잖아. 사치도 죄가 될 수 있어."

390. 자는 시간

일요일, 예배를 무사히 마치고 집으로 엄마와 함께 돌아오는 현수가 엄마에게 물었다.

"엄마, 난 왜 설교를 들으면 졸리지?"

"그래서 중간중간 자는 시간을 주지 않던."

"자는 시간이 있다고?"

"응, 기도시간 말이야. 눈 감고 코 골고 자봐. 통성기도 하는 줄 알지~"

391. 예명

나이트클럽 웨이터들의 예명을 보면 각양각색, 천차만별이다. 연예인 이름이나 스포츠 스타 이름을 도용하는 게 대부분이다. 한 나이트클럽에서는 웨이터들의 예명을 모두 정치인의 이름으로 도배를 하나시피 했나.

기자가 지배인을 불러 인터뷰를 했다.

"정치인 이름을 웨이터 예명으로 쓰게 한 이유를 알고 싶습니다."

"정치인으로 예명을 했더니 경찰이 심야 영업단속을 한 번도 안 하더라고요."

392. 연기에 대한 열정

연기에 대한 열정이 그 누구에게도 뒤지지 않는 중견 탤런트가 연기생활을 하고 처음으로 연예 기자와의 인터뷰를 했다.

"만약, 산적 역을 맡는다면 어떻게 하실 건가요?"

"과감하게 수염을 기르겠습니다. 전 가짜 수염과 같은 소품을 싫어합니다. 실감나는 실연이 아니잖아요."

기자의 또 다른 질문,

"여자 역을 맡게 된다면?"

"과감하게 다리털을 깎고 치마를 입겠습니다."

기자의 질문은 갈수록 어렵고 힘들어진다.

"만약 사극 중 내시 역을 맡게 된다면?"

"과감하게 자르겠습니다."

기자가 중견 탤런트의 용기에 찬사와 기립박수를 보냈다.

"정말 훌륭한 연기자 십니다."

"지금 제 연기 멋있었지요?"

393. 변호사 선임

10대 소녀와 원조교제를 한 40대 회사원이 형사의 취조를 받고 있었다.

"얼마주고 산거요?"

"40만원 주고 샀소이다."

"당신, 2~3년은 살 거요. 딸 같은 애를 건드려!"

형사가 소릴 치자 남자는 급히 어디론가 핸드폰으로 전화를 한다.

"요즘 변호사 사는 데 얼마면 되냐!"

394. 약

고급 의류점에 한 벌에 5백만 원이 넘는 여성의류가 즐비하게 나열되어 있었다.

천만 원이 넘는 옷도 주문만 되면 곧바로 배달해주는 가게다. 특이한 모습은 옷 옆에 의료용 상자와 간호사가 앉아있다는 점이다. 손님이 의료박스와 간호사를 보고 점원에게 그 이유를 물었다.

"아가씨, 저건 뭐야? 옷가게에 웬 약들이야? 그리고 간호사도 여기서 근무하나?"

"간혹 가다가 옷 가격을 듣고 기절하는 손님이 있거든요."

395. 정치인

미인선발대회 심사위원들의 직업이 매우 다양하다. 성형외과 의사, 미용사, 헤어디자이너, 탤런트, 영화배우, 국회의원 등.

기자가 성치인의 앉아있는 모습을 보고 내회판셰사에게 물었다.

"미인대회 심사에 정치인이 왜 필요한 거지요?"

"저 사람은 보건복지부 소속 국회의원이요."

396. 충치

치과의사에게 정치부 기자가 물었다.

"어린이 대부분이 썩어서 걸려있는 치아가 뭡니까?"

"충치입니다."

"어른 대부분이 썩어 없어져서 대체하는 것은요?"

"의치입니다."

"신경 쓰는 일부 중년층이 가지고 있는 것은요?"

"풍치입니다."

"일부 국회의원이 썩어 있는 것은?"

"정치!"

397. 선거권

국회의원 선거전이 한창이던 어느 겨울날, 한 초등학교에서 치열한 유세 경쟁을 하고 있었다. 상대방을 헐뜯고 비방하는 추태는 세월이 지나도 여전했다.

이때 한 운동원이 초등학교 아이들의 출입을 막아버렸다.

유세장에 들른 기자가 이 사람에게 물었다.

"후보들의 빌 공 空 字 공약이 아이들에게 미치는 영향이 커서 아이들의 출입을 금지하는 겁니까?"

"아닙니다. 거기엔 그것보다 더 큰 뜻이 담겨져 있습니다."

"그게 뭐지요?"

"재네들은 선거권이 없잖아요."

398. 개밥

식인종 추장 아들이 북한 김정일을 먹어버렸다.

추장 아들에게 물었다.

"여기 있던 배 나온 고기 어쨌냐?"

"제가 먹었는데요."

"아이고 어쩌나, 우리 집 개에게 큰 일이 났다!"

"왜요? 아버지."

"그거 개밥인데."

399. 비정상

유엔본부에서 세계 정상들이 한데 모였다. 정상회담을 하기 위해서다. 이를 전 세계에 텔레비전으로 생중계를 했다.

현수가 텔레비전을 보며 아빠에게 물었다.

"아빠, 북한의 김정일은 왜 안 보여?"

"응, 그건, 저긴 정상들만 모이는 곳이거든."

"김정일은 북한의 정상 아니야?"

"김정일이 정상이냐! 비정상(非正常)이지."

400. 연기력

기자가 방송 스튜디오에서 세 명의 위인과 인터뷰 중이다.

먼저, 공인회계사로 활약하고 있는 사람에게 물었다.

"학교 다닐 때 나름대로 공부를 열심히 했나요?"

"수학을 열심히 공부했습니다. 피타고라스에 미쳤습니다."

노벨문학상 수상 후보에 오른 시인에게도 물었다.

"베스트셀러 시인이 된 노하우는 뭡니까?"

"학창시절, 국어시간에 문법에 미쳤습니다."

국회의원에게도 물었다.

"국회의원이 되기가 만만치가 않았을 텐데."

"학교 다닐 때 특별활동 시간에 열심히 했거든요."

"특활은 무슨 부에 들었었나요?"

"연극반에 들어가 연기력을 키웠습니다."

401. 예수님

고민이 많은 30대 남자가 목사에게 해결책을 물었다.

"저는 어떻게 살아가야 할지 모르겠어요."

"너무 걱정하지 마세요. 항상 예수님을 닮아 가시면 됩니다."

목사의 조언을 듣고 이 남자는 3개월이 지난 어느 날, 머리털과 수염이 무성한 채 예배당에 나타나 목사를 만났다.

목사가 남자를 보고 놀란다.

"그 꼴이 뭡니까!"

남자는 폐인에 가까운 모습이었다. 남자는 예수의 사진을 들고 목사에게 설명을 했다.

"목사님이 예수님을 닮아 가라는 말씀을 하셨잖아요. 그래서 예수님의 머리 스타일과, 수염을 기른 겁니다."

목사가 잔인한 질문을 한다.

"그렇다고 하면, 몸에 못을 왜 안 박았나요?"

402. 소원

사형수에게 집행관이 마지막으로 물었다.

"마지막으로 할말 있나?"

"들어주실 수 있나요?"

"마지막으로 들어주지."

"마지막으로 작은 소망 하나 들어 주시겠어요?"

"말해봐."

"살려주세요!"

403. 금식기도

목사와 스님이 죄목은 다르지만 교도소에 함께 들어오게 됐다.
목사가 스님의 머리 스타일을 보며 비아냥거렸다.
"당신은 좋겠소. 삭발을 안 해도 되니."
하지만 스님은 상냥했다.
"저는 댁을 좋아합니다. 저랑 방을 함께 쓰니~"
"네에?"
"금식기도 할 기 아니우?"

404. 헌금시간

원로목사가 개척교회 목사에게 깊은 조언을 해주고 있었다.
"교회는 이 사회에서 아주 중요한 요체이며, 돈에 노예가 되는 일
이 절대로 일어나서는 안 돼. 모든 걸 하나님의 말씀에 의거해 교회
를 운영하라는 말일세."
"네, 목사님. 명심하겠습니다."
"그리고 다른 교회와 많은 차별을 두고 목회활동을 해보도록 해."
"무슨 말씀이시지요?"
"예배순서를 너무 평범하게 하지 말라는 말일세."
예배순서를 특별하게 만들어 보라는 원로목사의 말이었다.
개척교회 목사는 원로목사의 말에 따라 예배순서를 색다르게 만

들었다.

여느 교회와 정말 다르게 했다.

그리고 몇 개월 만에 문을 닫았다.

예배순서를 특별하고 간결하게 만든다는 취지로 헌금순서를 빼버렸기 때문에.

405. 머리카락

중동의 어느 나라에서 있었던 일이다.

죄수 세 명이 폭력으로 재판에 회부됐다. 재판관은 주먹으로 폭력을 행사한 남자에게 손을 자르는 판결을 내렸고, 발길질을 한 남자에게는 다리를 절단하라는 단호한 판결을 내렸다. 박치기로 폭력을 행사한 남자도 있었다.

이 남자는 재판관과 평소 잘 가까이 지내던, 먼 친척뻘 되는 사이였다. 원칙대로라면, 이 남자에게는 목을 자르는 형벌이 내렸어야 한다. 하지만 지인이라는 사실하나와 박치기 할 때 머리카락만 스쳤다는 가해남자의 거짓진술에 힘입어 깊은 법망에서 빠져 나올 수 있었다. 이 남자에게는 이런 판결이 내려졌다.

"이발소에 가서 머리카락을 자르세요."

406. 기도

매사에 의심이 많은 남자가 전도사의 전도로 교회에 나가게 됐다. 그런데 기도할 때마다 눈을 뜨고 있자 (잠을 잘 때도 눈을 뜨고 자는 사람임) 전도사가 신경이 쓰인 모양이다.

"성도님은 왜 눈을 뜨고 기도를 하지요?"

"눈 감으면 코 베어가는 세상이잖아요."

407. 대통령

포장마차에서 서민들이 정치 이야기를 차가운 냉기로 불려졌다.

"우리나라 대통령들은 하나 같이 그 모양이야!"

"뭘?"

"망명을 가질 않았나, 감옥에 가지 않았나, 또 부하의 총에 사살을 당하지 않았나! 재임 중에 대통령 아들이 구속이라는 초유의 사건도 벌어지니, 이게 나라꼴이 정상화 돼 가는 거야! 이게 다 그놈의 욕심 때문이라고!"

이때 서민들의 역대 대통령의 과욕과 오욕에 불만이 표출되자, 이들 사이로 목소리가 굵고 뚱뚱한 한 할아버지가 끼어든다.

"이것 봐요, 젊은이들. 그래도 무난히 욕심 없이 조용히 권좌에 앉아 있다가 조용히 일어나 밖으로 나간 신사적인 대통령도 있었다오."

"할아버지는 누구에요?"

"나 최규하 동생."

408. 청혼방법

기자가 인기가수와 탤런트, 그리고 비리가 있는 국회의원을 선정해 청혼방법을 물었다. 가수에게 먼저 물었다.

"부인께 어떤 방법으로 청혼했나요?"

가수는 향기로운 노래를 이용해 청혼을 했다고 말했다.

탤런트는 타고난 눈물연기로 부인을 꼬드겼다고 실토했다.

기자가 마지막으로 국회의원에게 물었다.

"부인께 어떤 방법으로 청혼했나요?"

국회의원은 세 가지 공약을 내세워 부인을 쟁취했다는 말을 했다.

기자가 물었다.

"그 세 가지 공약사항을 이 자리에서 밝힐 수 있나요?"

"기억이 안 납니다."

409. 치 자

식인종 추장이 조상을 숭배한다는 명목으로 큰 제사를 지내고 있었다. 상이 휠 정도로 많은 음식을 차렸다.

미스코리아 출신의 한국여성을 비롯해, 세계 미인과 잘 생긴 남자, 변호사 출신의 남자, 여기에 국회의원도 끼어 있었다.

아들이 음식을 나열하던 중 아버지에게 말했다.

"아버지, 제사상에 올리지 말아야 할 음식이 있는데요."

"뭐가?"

"치 字로 끝나는 음식은 제사상에 올리지 말아야 하는 거 아닌가요?"

"치 자로 끝나는 음식이 어디 있다고 난리야?"

"국회의원 말이에요. '정치' 하는 애들이잖아요."

410. 칭찬

평범한 아버지에게 늘 불만이 많던 현수가 어느 날, 아버지를 앞에 대놓고 원망한다.

"아버진, 그 나이 되도록 뭐 해놓았습니까! 그 나이 먹을 때까지 뭘 만들어 놨냐구요! 말 좀 해보세요! 재산 말입니다!"

아버지는 꾹 참고 있다가 일설했다. 뼈가 있었다.

"아들아, 너 같이 대범하고 매력적인 아들을 만들어 놨지 않았냐. 난 너만 보면 힘이 절로 난단다. 넌 나의 모든 거야."

아들은 아버지의 진한 칭찬에 진한 감동을 받고 소리 없이 울음을 삼켰다.

칭찬은 명약 중에 명약이고 화해의 최고 조건인 것이다.

5장

뼈 있는 유머

한번 웃는 것을 운동과 비교하면

에어로빅을 5분하는 효과가 있다.

쾌활하게 웃을 때 몸속의 650개 근육 중에서

231개가 움직인다.

기왕 웃을 바에야 배꼽을 잡고 크게 웃는 것이 좋다.

411. 책임

'무대뽀' 신자가 있다. 도둑맞은 것이 교회 때문이란다.

신자 : 교회 옆에 있는 데 왜 도둑을 맞지요? 하나님이 지켜주신다고 목사님이 그러셨잖아요. 목사님이 책임지세요!

이에는 이!

목사 : 집 앞에 파출소가 있다고 도둑 안 들어온 답니까! 도둑 들면 파출소 소장이 책임지던 가요?

412. 외국어

외국인 회사에서 신입사원 채용을 위한 대대적인 면접을 실시했다. 이 회사에 입사를 하기 위해서는 우선 영어를 비롯한 외국어에 능통해야 했다.

첫 번째 응시생에게 회사대표인 면접관이 물었다.

"외국어할 수 있는 거 있나요?"

"네, 지난해 미국 대통령이 방한했을 때 측근하고 영어로 대화를 나눈 적이 있을 정도의 회화는 됩니다."

면접관은 만족스런 표정을 지으며 두 번째 응시생에게 고개를 돌렸다.

"자신 있는 외국어가 뭔가요?"

"일본어를 합니다. 지난해 일본총리가 한국에 왔을 때 수행원하고 대화를 나눌 정도의 실력은 가지고 있습니다."

현수 차례가 되었다. 면접관이 역시 같은 질문을 했다.

"외국어 할 수 있는 거 있나요?"

"네, 몇 해 전 북한에 가서 김정일 측근이랑 대화를 나눈 적이 있습니다."

의외로 면접관의 인상이 밝아진다. 고개를 끄덕이며 현수 실력을 인정하려 든다.

"대단한 회화실력이군. 저쪽 사람들은 웬만해선 말이 잘 안 통하는데."

"돈 주면 다 통해요."

413. 관할

뺑소니차에 치어 부상 입은 남자가 길거리서 신음하고 있을 때 다행히 지나가던 경찰의 눈에 띄었다. 그런데 경찰은 그냥 나 몰라라 하는 게 아닌가. 이 광경을 발견한 현수,

"아저씨! 이거 방조죄 아닌 가요!"

"이곳은 우리 파출소 관할이 아닙니다!"

어이가 없었다. 화가 난 현수, 주먹으로 경찰의 얼굴에 부상을 입힌다. 경찰은 악랄하게 뺑소니차 부상자를 그냥 둔 채 자신의 부상당한 부위를 위해 인턴이 대기하고 있는 응급실로 향했다.

응급실의 인턴은 경찰의 찰과상 상태를 점검해 보곤 짜증을 낸다.

"아저씨, 저리 가요!"

"이게 무슨 짓이오! 난 경찰이오! 난 어떤 나쁜 놈으로부터 폭행을 당했소! 빨리 치료해주세요."

인턴은 경찰의 상처부위를 살펴보더니 "경찰 아저씨, 여긴 우리

관할이 아닙니다. 옆방으로 가요!" 하고 소리를 질렀다.

414. 사리

젊은 땡추중이 바닷가에 빠져 요절했다. 이승에서의 지은 죄가 크기에 부처님의 노여움이 크신 모양이다. 불자들은 죽은 땡추중을 화장시키기로 합의를 보았다.

그런데 땡추중의 몸에서 이상한 물체가 발견됐다. 그것을 발견한 불자가 호들갑을 떨었다.

"아니 이건, 불사리(佛舍利) 아닙니까!"

불자들이 경악을 금치 못하자, 한 나이든 불자가 혼란스런 주변을 정리하기 위해 다가온다.

"이건, 불가사리입니다."

415. 내장수술

만난 지 일주일째 되는 선남선녀(선을 통한 인연).

남자가 여자의 크고 예쁜 눈을 들여다보며 행복한 표정을 짓는다.

"눈이 참 크고 맑군요."

여자의 솔직함을 엿볼 수 있다.

"이거 수술한 눈이에요. 쌍꺼풀수술."

여자 코도 유심히 살핀다.

"코가 오뚝한 게 마치 조각 작품 같아요."

"세웠어요."

"피부도 곱네요. 주름살 제거수술한 모양이군~"

남자는 기분 좋지 않은 표정으로 한마디 한다.

"풍만한 가슴과 미끈한 다리를 가지고 있군. 그거 진짜요?"

"아니요. 돈 많이 투자한 예술 작품이에요."

"한심스럽군! 진짜 댁의 것은 어떤 거요?"

"내장은 다 오리지널, 제 거예요."

"기왕지사 내장도 수술 해버리지 그랬소!"

남자는 한마디 덧붙이고 자리를 박차고 나가 버린다.

"쓸개가 빠져있고, 간덩이가 부어있고, 허파에 바람이 심하게 들어가 있으니까!"

416. 음주운전

술에 몹시 취한 사내가 택시를 급히 잡아탔다.

"압구정동 갑시다!"

운전기사는 사내의 얼굴을 보더니 빙그레 웃어버린다.

"손님, 여기가 압구정동입니다."

그러자 만취한 사내는 고맙다는 인사를 하고 내린다.

"고마워요. 하지만 다음부턴 그렇게 빨리 차를 몰지 말아요!"

사내는 택시비로 10만 원짜리 자기앞 수표를 운전자에게 주었다.

"잔돈 필요 없어요!"

"어휴, 이러시면 안 됩니다. 7천 원 나왔는데 나머지 돈을 제가 어떻게 다 갖습니까. 그러지 마시고 만 원짜리 3개라도 받으세요. 제가 미안해서~"

"그래요? 그러면 그럽시다."

사내는 운전기사가 준 3만 원을 받고 차에서 내렸다. 순식간에 거금 7만원을 챙긴 운전기사는 얼굴이 상기된 상태서 징그럽게 미소지었다.

그런데 그 웃음도 잠시. 다음날 정확히 확인한 결과, 그 수표는 수표가 아니었다. 기간이 한참 지난 로또복권이었다. 운전기사, 하늘을 보며 통탄을 할 수밖에 없었다.

"에이 씨! 이젠 음주운전하지 말아야지."

417. 순결

졸부 집에 말괄량이 딸이 하나 있었다. 이 아이가 매사 천방지축이자 아버지는 사설 경호업체 심부름센터를 통해 보디가드 세 명을 특별 채용해 딸 관리에 들어갔다.

채용에 앞서 면접을 하기로 했다.

아버지가 첫 번째 경호원에게 각오를 한번 물었다.

"우리 딸애의 귀가시간이 매일 늦는데 귀가시간의 밤길을 자네가 지켜줄 수 있나?"

"네, 전 태권도 3단입니다. 제 한 목숨 걸고 따님 귀가시간을 지켜주겠습니다."

두 번째 경호원에게도 물었다. 이번 질문은 애매모호 했다.

"우리 딸애의 자존심을 지켜줄 수 있나?"

"물론입니다."

마지막으로 체격이 엄청나게 큰 경호원에게 물었다.

"우리 딸애의 순결을 지켜줄 수 있나?"

우람한 체격이 갑자기 출렁인다.

"나 참! 그걸 무슨 수로 지킵니까!"

418. 씨름

국회의원에 당선된 졸부가 너무나 기쁜 나머지 막내아들과 씨름 한판을 벌였다. 옆에 부인이 장난치는 졸부에게 야단 쳤다.

"여보! 체통 좀 지키세요. 이제 당신은 공인인 국회의원이라고 요!"

"난 지금 국회에 들어가기 진에 민빈의 준비태세에 여념이 없는 거라고."

"준비?"

"하나라도 특출 나야지."

몸싸움 연습 중이었다.

419. 통역

엄마의 간절한 기도소리를 들은 현수가 기도가 끝나자마자 엄마 에게 물었다.

"엄만, 지금 누구에게 기도를 한 거야? 이 자리엔 아무도 없는 데."

"하나님께."

"하나님이 한국말을 알아들으실까?"

"물론이지."

미국인, 프랑스인, 독일 사람들의 기도소리도 들을 수 있다는 게 엄마의 설명.

현수는 궁금했다.

"이 많은 언어를 누가 통역해?"

"예수님."

"아아, 기도 끝에 꼭 '예수님 이름으로 기도드립니다' 하는 이유가 거기에 있는 거구나."

420. 쓰레기

아프리카에 여름휴가를 왔던 김정일이 말라리아에 걸려 즉사하고 말았다. 배가 남산만큼 나온 김정일의 시체를 보며 식인종 추장이 진퇴양난에 빠졌다.

"이 쓰레기를 어쩐담, 재활용이 안 되니~"

421. 사람

단체 맞선이 호텔 커피숍에서 있었다. 첫째 줄에 앉아있던 여자가 파트너의 군대생활이 궁금한 모양이다.

"군대생활을 어디서 했나요?"

"저는 독수리와 함께 하늘에서 군대생활을 했습니다."

남자는 공군출신이었던 것.

두 번째 줄에 앉은 여자도 같은 질문을 했다.

"군대생활을 어디서 했나요?"

"저는 돌고래와 함께 생활했어요. 해군출신이거든요."

세 번째 줄에 앉아있는 여자도 같은 질문을 던지자, 남자는 휴전선 인근에서 군견과 함께 생활했다는 대답을 들을 수 있었다.

마지막으로 현수가 여자의 같은 질문에 세 남자를 향해 크게 콧방귀를 뀌며 말을 던지듯 했다.

"이런 짐승들! 난 사람과 함께 군대생활 했다!"

현수의 파트너가 묻기를,

"어디 출신이에요?"

현수는 지하철 승객의 안전을 위해 목숨까지 기꺼이 바쳐 근무한 공익근무요원 출신이었다.

422. 원수

구속되는 전 참모총장의 초라한 모습을 지켜보던 대통령 비서관 현수가 대통령을 앞에다 두고 건방을 떨었다.

"참 안 됐어요, 한때 날리던 사람이 저 모양 됐으니~"

"무슨 소리, 저 친군 지금 원수가 된 거라고."

"원수?"

대통령은 군대 계급 얘길 하는 중이다.

"별 네 개에다 한 개 더해봐라 원수(元帥) 돼지."

"당신은 국민의 원수야!"

"뭐!"

"국가원수(元首)라고요."

423. 자위대

일본의 만행, 독도가 자기네 땅이라고 우기는 모습을 지켜보며 일본에 대한 이야기를 토해내는 부자(父子)가 있었다.

아들이 이해 안 되는 일본의 군사력을 물었다.

"아버지, 일본의 자위대가 뭐예요?"

"자국(自國)을 방위하는 군대이름이다."

"그럼, 자위대가 하는 것은 뭐지요?"

"자위행위 하는 거지."

정신대가 생각나는 아들,

"정신 나간 쪽발이새끼들!"

424. 흑심

신세대와 구세대의 대화.

"선배님, 왜 여자들은 남자들 보고 늑대라는 표현을 쓰지요?"

"그것은 바로 흑심(?) 때문이지."

"그럼, 남자들은 여자들을 보고 왜 여우라는 표현을 쓰지요?"

"응 그건, 남자들의 흑심이 좋으면서 싫은 내숭을 떨어서~"

425. 비리

불의를 보고 그냥 넘어가지 못하는 현수가 선생님께 중간고사를 다시 치르게 해달라는 말을 했다. 불공평하게 채점된 비리를 채득한

현수,

"선생님, 이번 암기시험 다시 보게 해주세요."

"왜?"

"불공평하게 채점됐습니다. 경수한테 특혜 준거 아닌 가요!"

"걔는 집안에 누가 돌아가셔서 개인시험 치른 거야."

"그런데 왜 시험을 전화로 봤지요?"

"문명의 이기를 좀 이용했을 뿐이야."

"그럼 왜 경수는 필기시험을 팩스로 보게 했지요?"

"그것도 문명의 이기를 좀 활용했을 뿐이야."

"그럼 왜 실기시험을 선생님이 대신 봤어요? 그것도 문명의 이기입니까!"

"친구 아들이라 그랬다."

426. 도박

인생을 대충대충 사는 한 사내에게 목사가 물었다.

"술, 여자, 도박 중 제일 우선이 무엇인가요?"

"도박입니다."

"술과 여자는요?"

"도박으로 딴 돈으로 술과 여자를 살 수 있지요."

"잃을 수 있다는 전제는 왜 생각 않나?"

427. 하키

　해외 전지훈련을 다녀온 선수단이 국제경기서 연패의 늪에서 헤어나지 못하자 체육계 고위층의 불만이 극에 달했다. 끝내 감독이 체육회장에게 불려가게 되었다.

　"도대체 왜 성적이 그 모양이요! 전지훈련 가서 놀고 온 거요!"

　계속된 고성에 감독이 불만을 토로한다. 나름대로의 이유가 있는 모양이다.

　"그럴 수밖에 없었습니다. 열악한 조건이~"

　말을 막는 회장,

　"함께 갔던 수영선수단은 지금 전지훈련 이후에 성적이 급상승 중이라고!"

　"제가 아프리카는 절대 안 간다고 우겼을 때 왜 회장님이 우리의 편의를 안 봐 주신 겁니까! 우린 하키선수란 말입니다."

　회장에게 감독이 따지자, 그제야 이해가 간 모양새다.

　"당신, 종목이 뭐요?"

　"아이스하키입니다."

　"필드하키가 아니고?"

　필드하키와 아이스하키 구분도 제대로 못하는 일부 무지무식한 체육계 고위간부 때문에 일어난 에피소드다.

428. 승진

　남편의 승진을 매일 고민하는 부인이 공무원인 남편을 들들 볶는다.

"여보! 승진을 위해 뭐 뾰족한 수를 찾아봐요! 옆집 남편은 승진을 위해 고시원에 등록해 승진시험 준비에 여념이 없다고 난린데!"

아내의 말에 콧방귀를 뀌고 있는 남편,

"백날 고시원에서 공부해봤자 거기서 그 자리야! 난 실속 있는 곳에 등록을 다 해놓은 상태라고."

"어디 학원에 등록했어요?"

"학원은 학원인데 좀 달라."

"다르다니요?"

"댄스학원에 등록했거든."

"그 학원엔 왜?"

"교제와 대접을 배우는 거라고! 이런 건 고시원에서 백일 공부하는 것보다 훨씬 낫다. 왜, 원을 한 바퀴 돌아! 직진을 하면 곧바로 인데"

지름길을 잘 알고 있는 일부 공무원의 모습이다. 지름길의 최대적(?)은 사필귀정이라는 사실을 명심해야 한다.

429. 자살

올림픽 유도 대표로 참가한 아들을 둔 아버지가 기자 앞에서 다짐을 하고 있었다. 기자가 각오를 물었다.

"만약 아드님이 올림픽 금메달을 못 따면 어떻게 하시겠습니까?"

"저는 그 자리에서 자살하고 말겠습니다."

아버지의 각오는 간담을 서늘하게 만들었다.

아버지의 각오를 아들은 멀리서 알고 있었고, 다행히 아들은 금메달을 쟁취하는데 성공했다. 일본의 강자를 결승에서 간신히 우세승으로 이겨 금메달을 땄다.

그러나 아버지는 감격과 흥분을 얼싸안은 채 심장마비로 저 세상으로 가버렸다.

아버지의 사망소식을 들은 아들은 멀리서 괴로울 수밖에 없었다.

"아버지를 살리려고 했는데~"

지나친 관심과 기대는 최종적으로 파탄으로 마무리될 확률도 높다.

430. 주례비

결혼식장에서 주례의 주례사가 있었다. 주례자의 나이는 60대 후반의 3선 국회의원이었다.

"신랑신부는 검은 머리 파뿌리 될 때까지 잘 살아야 합니다. 백년 해로의 꿈을 접지 마십시오."

그런데 주례자는 인상을 쓰며 중간에서 주례사를 마치고 단상에서 내려오고 말았다. 하객들은 의아한 표정으로 앉아서 바라만 봐야 했다.

사회자가 주례자에게 직접적으로 물어야 했다.

"주례선생님, 왜 중간에서 멈추시고 내려오십니까? 마저 하시지요."

주례자는 신랑을 쳐다보며 입을 열었다.

"신랑이 주례비를 반만 준 상태거든~"

431. 심사

미스코리아 선발대회가 열려, 최종결선을 남긴 상태다. 진선미를 결정할 차례가 되자, 심사위원장인 현수가 두 사람의 예비 진과 선을 두고 깊은 고민에 빠져 있었다. 옆에서 한 심사위원이 고민하는 이유를 물었다.

"왜 그렇게 고민을 하시지요? 느낀 대로 그냥 정하면 돼지."

"잘못하면 내가 고달파지거든."

심사위원의 고개가 흔들린다.

"왜 유독 두 사람한테만 관심을 갖지요?"

"하나는 조카딸이고 또 하나는 사돈집 딸이거든."

432. 안주

운전면허 2종을 취득하기 위해 우수정이 시험장을 찾았다. 우수정은 긴장을 너무 한 나머지 우왕좌왕하고 있었다. 이 광경을 한 노인이 발견하고 조언 같지 않은 조언을 해 주었다.

"아가씨, 그렇게 긴장이 되면 소주 한 병 마셔봐. 긴장이 풀리고 아주 용기가 많이 날 거야."

어찌 들으면 말 같지 않은 할아버지의 말이 우수정의 머리를 약간 자극해 그대로 실행에 옮겼다. 차례가 오기 전에 마트에 가서 잽싸게 소주 한 병을 비우고 시험에 응했다.

결과는 깔끔하게 합격하였다. 그런데 담당 경찰관은 우수정의 홍조 띤 혈색이 맘에 걸린 듯 우수정을 불러 냄새로 확인을 했다.

"아가씨, 술 먹고 운전하면 면허취소 되는 거 몰라."

"전 면허 없는데요."

"음주운전에다 무면허까지! 당신 구속되고 싶어!"

우수정은 경찰의 구속이라는 단어가 매우 무서웠다. 급한 김에 청바지 뒷주머니에서 봉투 하날 꺼냈다.

"아저씨, 이걸 받으시고 없던 걸로 합시다."

"이 여자! 뇌물공여죄까지~"

"돈 봉투 아니에요."

혹시나 하고 뜯어본 봉투 안에는 우수정이 먹다 남은 오징어 안주가 봉투 안에서 안주(安住)하고 있었다. 좋다만 얼굴 흔적의 경찰, 실망한 눈초리다.

433. 환자

의대 졸업을 앞둔 현수가 지도교수의 조언에 따라 진로를 결정하기로 했다.

성적표를 들고 지도교수 앞에서 자세한 상담을 의뢰하는 현수다.

"저는 무슨 과가 어울릴까요?"

지도교수의 독설,

"이런 형편없는 성적으로 의사가 되겠다고! 자넨 의사고시에 합격할 확률이 거의 없어!"

"의사면허는 걱정 안 합니다. 아버님이 협회 내에서 파워가 있는 윗분을 잘 알고 계시거든요."

"백이 좋구만! 그렇다면 자넨 신경정신과와 어울려. 그 과로 가라고."

"잘 보셨습니다. 제 생각에도 신경정신과가 제 적성에 잘 맞고 편안할 것 같습니다."

"너무 좋아하지 말게."

"네! 왜지요?"

"난 자네를 의사로 가라는 게 아니고 환자로 가라는 얘기니까."

434. 독도

미모의 일본여성과 결혼한 친구가 고교동창과 술잔을 기울이고 있었다.

"미인과 사는 기분이 어때?"

"싸웠어."

"왜?"

"이혼수속 밟아야 될 것 같아."

"무슨 문제로?"

"국가문제! 이 문제 때문에 아내가 나에게 구타당했어."

"이 사람! 연약하고 예쁜 아내에게 손찌검을 하다니!"

"독도가 자기네 땅이라고 수시로 틈만 나면 우겨대잖아!"

친구가 씩씩댄다.

"그 말 나올 때마다 한대씩 더 때려줘."

435. 핀잔

술 먹으면 아내의 반응이 많이 달라진다. 한잔은 괜찮고 두 잔도 그나마 봐줄 수 있다.

하지만 열잔 이상으로 깊어지면 최종적으로 나중에 남는 것은, 아내의 도수가 매우 높은 마지막 잔이 기다린다. 그것은 '핀잔'이다.

436. 순결

가정시간에 여고생을 상대로 선생님은 순결에 대한 설명을 쉽게 해주고 있었다. 그런데도 이해가 안가는 학생이 손을 들었다.

"선생님, 이 험난한 세상에 순결을 꼭 지켜야 하나요?"

"여성의 순결이란, 도로교통법과 같아."

"네? 그게 무슨 말씀이세요?"

"들키지만 않는다면, 지켜도 되고 안 지켜도 된다는 말이다."

437. 신구약 공부

신학대학에 재학 중인 현수가 방학을 맞아 집에만 틀어박혀 있자, 엄마의 잔소리가 이어진다.

"외출 좀 해라!"

각오하는 현수,

"방학 동안에 신약과 구약을 독파해 목사가 되겠습니다."

엄마의 소원은 현수가 목사되는 것이었다. 엄마는 현수가 조용히 공부할 수 있는 별장의 약도를 하나 건네주었다. 그런데 도착해서, 공부할 때마다 집중이 통 안 되었다. 성경 정독이 불가능했다.

그 원인은 한 달 정도 지나서야 발견할 수 있었다. 현수가 성경공부를 하고 있는 곳은 어머니가 자주 다니시던 조용한 암자였기 때문이다.

438. 민금당

3당이 창당을 함께 했다. 민주당, 민자당, 국민당.

각각 당원들을 모아놓고 공약을 떠들어댔다. 국민을 주인으로 모시는 정치를 하겠다는 민주당 내표와 국민에게 자유를 드리겠다는 민자당, 국민을 위한 정치를 하겠다고 큰 소리 치는 국민당까지.

이들의 빌 공자 공약은 짜증나게 길어 지루했다.

이때 듣다 못한 60대 아저씨가 손들고 일어나 예정에도 없던 당헌발표를 하겠다고 난리를 쳤다. 자신도 창당을 했다고 난리를 피웠다.

"저는 민금당 대표입니다. 저는 국민의 액세서리가 되고 싶습니다."

듣다 못한 국민당 대표,

"처음 듣는데?"

"어제 개업했으니까 그렇죠. 전 어제 개업한 금은방 대표입니다. 여러분의 많은 애용바랍니다. 금배지 저한테 의뢰하면 공임 하나도 안 받고 금값만 받을게요."

민금당 대표도 공약을 했다.

439. 꼴등

40대 후반의 여인이 공중전화 근처에서 자신의 핸드폰으로 수다를 크게 떨고 있었다. 주위 사람들에게 잘 들릴 정도의 고성이었다.

"여보, 아주 참 잘했어요. 계속 꼴등 했으면 좋겠어요. 당신한테 모든 사람들이 칭찬을 아끼지 않을 거예요."

부인이 있는 근처에서 이 소릴 듣고 대학생으로 보이는 20대 청년이 물었다.

"아줌마, 아저씨가 꼴등을 했다는 게 그게 기쁜 소식인가요?"

잠시, 부인의 설명에 청년은 크게 수긍이 갔다.

"우리 남편은 국회의원이에요. 저희 남편이 작년에 이어 올해도 꼴등을 하지 않았겠어요. 이번에 고위 공직자 재산공개 순위에서 꼴찌를 했지 뭡니까. 기특하지요?"

440. 한 끼

현수와 경수가 늘씬한 예비모델들이 워킹연습을 하는 모델에이전시를 전격 방문해 모델들의 자태를 좀 더 가까이서 세밀히 구경할 기회를 맞았다.

화려한 앞날과 화려한 현실 뒤에는 항시 고통이 따르는 법이다. 모델 역시 선배로부터 스파르타식 강훈련을 받고 있었다. 현수가 마른 장작처럼 보이는 모델들을 보며 입을 연다.

"왜 저 고생들을 하지?"

"먹고 살자고 하는 짓이지!"

"그게 아니야, 쟤네들은 하루 한 끼밖에 안 먹는데."

441. 지진

하늘에서 봄, 여름, 가을, 겨울 네 명이 모여 각각 계절의 고통과 즐거움을 이야기하고 있었다. 먼저, 봄이 자랑을 늘어놓는다.

"인간들이 날 좋아하더군. 아침엔 10도, 낮엔 18도 정도 되니까 살기가 좋데."

가을이 "너도 나랑 아주 비슷한 온도구나" 하고 서로 격려를 아끼지 않았다.

겨울이 밀힐 차례다.

"인간들은 내가 싫은가봐! 영하 10도로 내려가고 그 이하로도 내려가서 그럴까."

여름의 고통도 겨울 못지않게 컸다.

"너도 그러니? 나도 인간들이 싫어하는 것 같아. 30도가 넘으면 숨쉬기조차 힘들고 괴롭거든."

이때 정체불명의 낯선 아이(?) 하나가 나타나 이들 계절의 허락도 없이 떠들어댄다.

"난 6도~7도만 돼도 인간들이 죽겠다고 난릴 쳐!"

봄가을이 끼어들어 물었다.

"우리랑 비슷해서 활동하기가 좋을 텐데. 넌 뭐니?"

"난 지진이야!"

계절로부터 왕따 당한 지진은 9도의 강도를 가지고 장기 해외출장을 가겠다고 일본으로 떠났다.

442. 피

건강원을 운영하는 현수에게 친구 경수가 건강식품인 노루피를 하나 전화로 주문했다.

"현수야, 노루 피 최고 상품으로 하나 갖다 줘."

"알았어."

대답을 그렇게 했지만, 현수는 장사꾼답게 100% 노루 피가 아닌 약간의 다른 첨가물을 넣어 배달했다. 100% 노루 피를 팔 경우 마진이 적다는 이유 하나 때문이다.

그리고 2시간 만에 경수가 있는 곳에 당도한 현수가 노루 피가 들어있는 상자 곽을 연다.

"자, 최고 상품이야."

"어디 봐봐."

경수, 노루 피 한번 손가락으로 찍어본다.

"에이, 이건 돼지 핀데!"

현수가 혀를 내두른다.

"역시, 피는 못 속여."

경수 아버지는 국립과학 수사 수사관이다.

443. 비서

오랜 실업생활을 해방시키기 위해 우수정은 조그마한 회사에 입사원서를 제출해 다행히 필기 1차 시험은 붙고 2차 실기시험을 집에서 기다리고 있었다.

그런데 우수정은 실기연습 대신 커피 타기와 전화받는 아주 단순한 연습만 하는 게 아닌가. 엄마가 옆에서 지켜보다 못해 입을 연다.

"왜 실기연습을 안하고 커피나 타고 앉았냐!"

"이게 연습이에요."

우수정 말에 깜짝 놀란 엄마, 대학을 나름대로 우수한 성적으로 졸업을 한 딸이 다방에 취직을 한 것으로 생각하는 엄마다.

"너 다방에 취직했구나!"

발끈하는 우수정,

"엄만! 처녀 때 직장생활 안 해봤어!"

우리나라 직장여성의 거의 100%가 전문직 외에는 입사 초년병 시절엔 자신의 뜻과 상관없는 커피 타기와 전화받기를 도맡아 해야 하는 현실이 우수정이 엄마에게 발끈하는 이유가 되었다.

444. 가출신고

가출 아내 때문에 고민하던 남자들이 함께 경찰서를 찾았다. 실종신고를 하기 위해서다. 가출 담당 형사가 차례로 물었다.

먼저, 20대의 남자에게 경찰이 아내 인상착의를 말하라고 하자, "늘씬하고 예쁘다"고 말했다.

경찰은 가닥을 잡은 듯,

"그렇다면 윤락가를 집중적으로 뒤져보면 금세 찾을 수 있겠군요."

다음 차례는 30대의 남자. 인상착의를 "힘이 좋고 우람한 체격을 자랑한다"고 말하자, 형사는 "그럼, 갈비집이나 식당에서 집중적으로 수색하면 되겠군" 하고 자신감을 남자 앞에서 보였다.

마지막은 40대 남자다. 인상착의는 복잡하다고 했다.

"신체적인 특징보다는, 남보다 춤 솜씨가 뛰어납니다. 한때 밤무대서 디스코 걸로 인기를 누렸었습니다. 아마, 카바레나 나이트클럽을 뒤지면 나올 겁니다."

"또 다른 특징을 말해보세요."

"그 여자는 춤에 미친 사람입니다. 찾을 수 있겠지요?"

"춤에 미친 사람이라~ 이제야 가닥이 잡히네요."

"어디에 있을 까요? 카바레? 나이트클럽?"

"정신병원에 가보면 찾을 수 있겠소."

445. 백화점 상술

현수가 강남의 한 백화점에 들어서는 순간, 빠르고 경쾌한 팝음악과 함께 박수소리가 아주 요란하게 울렸다. 폭죽도 놀랄 정도의 큰 소리로 터져 울려 퍼졌다. 영문도 모르는 현수에게 입구에서 서있던 영업총괄 이사가 다가와 백화점 이벤트였다는 설명을 해주었다.

이벤트를 주최한 이사가 현수에게 다가왔다.

"손님께선 저희 백화점을 찾아주신 십만 번째 고객이 되셨습니다. 오늘은 어떤 물건을 사러 오셨는지 말씀해주시지요? 손님께만 특별할인 해드리겠습니다."

"난 그저 지나가다 화장실이 급해서 들른 건데요."

이사가 잠시 동안 고민하다가 얼굴이 벌개 지며 입을 연다.

"급하실 텐데 빨리 다녀가세요."

'다녀오세요'가 아닌, '다녀가세요'라는 이사의 말에 밑줄 그어 생각해야 한다. 우리나라 백화점의 첨단의 상술(?)의 뒷모습이다.

446. 장인

어느 돈 많은 부부가 3살도 채 안 된 딸아이를 데리고 시내 유명하고 용하다는 점쟁이를 찾았다. 아이의 장래를 알아보기 위함이었다. 점쟁이는 돈뭉치와 성경책, 불경을 탁자 위에 올려놓았다.

"이 중에 따님이 돈뭉치를 집어 들면 사업가가 될 것이고, 성경책을 집으면 목회자, 불경을 들면 훌륭한 스님이 될 것입니다."

점쟁이 말이 끝나기가 무섭게 어린 딸아이는 다른 것은 세쳐두고 점쟁이의 손을 덥석 잡는 게 아닌가. 부부는 어리둥절했다.

"이건 무슨 일이지요?"

"별일 아닙니다. 장인장모님."

447. 개방

미국이란 나라는 우리나라를 너무 깔보는 우방인 것 같다. 뻑 하면 수입개방을 하라는 압력을 가하니 말이다.

우리나라 대통령 K씨와 미국 대통령이 함께 목욕을 하게 되었다. K씨가 초청을 해 이루어진 목욕협상이었다.

"시원하지요?"

K씨가 먼저 분위기를 부드럽게 만들기 위해 유창한 영어로 입을 열었다. K씨는 내심 두려웠다. 또 개방을 하라는 말이 나올까봐. 아

니나 다를까 곧바로 미대통령은 "그나저나, 농수산물 수입을 개방해 주시지요?"라고 큰 소리로 입을 뗐다.

K씨는 일부러 못들은 척 했다.

"무슨…?"

"고추 등등, 그런 개방 말입니다."

"지금 고추(?) 개방했잖소."

위기를 넘기는 K씨 기지에 놀라는 미대통령, K씨를 보며 중얼댄다.

"역시 작은 고추가 맵긴 맵군~"

448. 서툰 운전

교통순경인 현수가 차선위반자 1명과 신호위반자 2명, 그리고 음주운전자 1명을 단속해 꽤 괜찮은 성과를 올리고 있었다. 내친김에 또 하나 잡아야겠다고 결심하고 운전이 몹시 서툰 여자운전자의 승용차를 일방적으로 세웠다. 아무것도 위반 안했지만 꼬투리 하나 잡으면 뭐하나 나오겠지 하는 막연한 생각으로 차를 세운 것이다.

여자는 아주 미인이었고 짧은 미니스커트와 민소매가 참 잘 어울리는 처자였다. 경례 붙이고 다가선 현수에게 여자는 "제가 뭘 위반했지요! 전 3시까지 시험 보러 가야 된단 말이에요!" 하고 언성을 높였다.

"거기가 어딘데요?"

여자, 아주 급한 나머지 꼬리를 밟히고 만다.

"운전면허 시험장이요."

449. 음주운전

현수와 경수가 같은 날 운전면허 시험에 응시해 경수만 합격하고 현수는 불합격 판정을 받게 되었다. 현수는 많이 약 오른 상태였다.

시험관인 경찰관에게 다가가 고자질을 일삼는 현수,

"아저씨, 저 사람 면허 취소 시켜주세요."

경수를 가리키며 말하자, 경찰관이 현수에게 물었다.

"아니 왜요?"

"아까, 주행시험 치를 때 긴장 된다고 저랑 함께 슈퍼에서 소주 한 병을 강술로 마셨거든요."

경찰의 답은 답이 아니었다.

"그건, 법에 없소!"

450. 선물

전직 대통령에게 선물을 해주었던 특이한 이력을 가진 사나이가 하나 있었다.

전두환은 무스와 가발을, 노태우는 물태우를 의미하는 정수기를, 김대중은 지팡이를 남자로부터 선물받은 바 있다. 김영삼은 조깅화를 선물로 받았었다.

이 남자를 정치 대기자가 만났다.

"다음 대통령에게는 어떤 선물을 해줄 건가요?"

"이젠 선물 안 할 겁니다!"

"왜지요?"

"선물이란 뜻을 제대로 알고 있는 대통령이 한사람도 없어요! 주고받는 게 선물의 맛 아니요! 받기만 하려고만 하니, 쯧쯧."

이 남자가 받고 싶은 선물은 '멋진 정치'였다.

451. 재활용품

국회의원 친구를 둔 현수는 엿장수, 재활용품 수거를 전문으로 한다. 하루는 국회의원 친구로부터 재활용 종이를 잔뜩 주겠다는 전화를 받았다.

보좌관을 통해 엄청나게 많은 재활용 종이가 도착했다. 하지만 현수는 좋아하지 않았다. 도착된 재활용은 보좌관에 의해 되돌려 졌다. 국회의원 친구의 기분은 많이 안 좋았다. 연락이 왔다.

"자네! 왜 성의를 무시하나!"

"자네가 보내준 그런 종이는 거래처에서 안 받아준다네. 현금 가치가 없어서 그렇다네."

현수가 국회의원에게 되돌려 준 재활용 종이는 국회대정부 질문 용지 다발이었다.

452. 이혼사유

이혼을 준비 중인 세 쌍의 부부가 이혼조정위원회 위원장 앞에 섰다.

첫 번째 상담자가 서로 성격이 안 맞는다는 이혼사유를 들자, 위원장의 조언과 대책이 이어진다.

"그건 이혼할 수 있는 사유가 됩니다만, 두 분이 서로 양보가 미덕이라는 개념만 알고 노력하면 이혼할 필요까지는 없습니다."

두 번째 상담자는 서로 이데올로기가 다르다는 이혼사유를 내세워 찾아온 케이스였다. 위원장의 조언이 이어진다.

"두 분의 생각과 이론을 한데 어우러지게 하기 위해선 여행을 취미로 한번 접근 해보세요."

마지막 쌍은 서로 채널이 안 맞는다는 이혼사유를 내세웠다. 위원장은 사비를 털어주며 이들 부부에게 말했다.

"이거로 사세요."

"이게 무슨 돈이지요?"

"텔레비전 한 대 더 사세요. 채널 가시고 너 이상 싸우시 말고."

453. 저작권

성형외과에 상당한 추녀가 찾아와 수술을 하겠다고 한다.

"어떤 얼굴을 원하시지요?"

의사가 뚜렷한 대책이 나오지 않자, 본인의 의향을 물었다.

추녀는 "모델 최경민처럼 해주세요"라고 대답했다.

당대 최고의 모델을 모델로 수술을 부탁해 의사는 상당한 고전이 예상되는 수술이라고 단정 짓고 수술비를 높게 책정해놓고 수술에 들어갔다.

수술은 장장 5시간 만에 성공적으로 끝났다.

또 한 명의 최경민이 복제되어 나왔다.

수술 후 며칠이 지나 이 병원의 단골손님인 모델 최경민이 수술한

의사를 만났다. 의사는 최경민을 반갑게 맞아주었다.

"어서 와요. 요번엔 어딜 고치시게?"

"그럴 필요 없어요. 내 돈 주세요."

"무슨 돈?"

"저작권료 말이에요."

"저작권이라니?"

"제 얼굴을 무단 복제 하셨잖아요!"

의사가 발끈한다.

"저작권은 다른 사람에게 있어!"

"다른 사람이라니?"

"당신의 그 얼굴이 진짜 당신 본 모습 아니잖아!"

최경민도 수술한 얼굴이라 저작권료를 받을 수 없었다.

수소문 끝에 최초의 저작권자는 일본 3류 성인만화 주인공인 것
으로 밝혀졌다.

454. 기도

현수는 기독교를 믿는 국가대표 축구선수이다. 경기 전에 꼭 기도
를 하는 버릇이 있다.

에이매치가 있던 날, 전후반을 풀로 뛰고 나서 감독이 현수를 불
렀다. 감독은 경기에 불만이 많은 것 같았다.

"너 왜 전후반 내내 맥이 하나도 없이 경기를 했어! 경기 전에 기
도가 부족했던 거 아니야?"

"기도는 어느 때보다도 철저하고 완벽 했습니다."

"그런데 왜 힘을 못 쓴 거야?"

"아마 금식기도 때문에 그럴 거예요."

순진한 현수는 목사 말을 떠올리고 그대로 실행에 옮긴 게 화근이 되었다. 기도의 종류 중, 금식기도가 가장 힘이 세다는 목사의 말 때문에.

455. 들통

앵벌이들이 그날의 수입을 집계하려고 모였다.

"오늘 어땠어?"

"장님이 아니라는 사실이 들통 났어."

"아니, 왜?"

"지하철 안에서 눈을 감고 찬송가를 부르며 걸어가는데
어떤 미국인이 미국 돈으로 동전을 하나 조용히 주잖아."

"그래서?"

"탱큐라고 했지."

456. 성형수술비

코 성형수술한 우수정이 경자 앞에서 병원 악몽을 떠올린다.

"이젠 성형수술 절대 안 해!"

"왜?"

"수술하기 전에 그걸 자르는 걸 보고나니까 너무 무시무시해!"

"그게 뭔데?"

"병원에 오면 제일 먼저 자르는 거 있잖니."

"글쎄 그게 뭐냐니까?"

"과다진료비 청구서 절취선!"

성형수술, 보험적용 안 됨.

457. 개의 종류

현수가 아빠에게 의미 있는 개소리를 했다.

현수 : 아빠, 삽살개가 뭐야?

아빠 : 털이 북슬북슬한 개란다.

현수 : 그럼, 진돗개는?

아빠 : 우리나라 천연기념물이지.

현수 : 그럼, 아주 볼품없는 개는?

아빠 : 똥개!

현수 : 재산 많은 정치인이 싫어하는 개는?

아빠 : 그런 개가 다 있어?

현수 : 돈 있는 정치인은 '공개'를 싫어해.

458. 양보

전 대통령 전 씨가 지하철을 타자 승객들이 일제히 자리에서 일어났다.

전 씨는 과거 5공 비리의 핵심인물로 국민들이 원성을 들어야 했던 인물이다. 하지만 많이 달라진 국민들이, 승객들이 고마웠다. 기립을 통해 경의를 표해주니 말이다.

전 씨는 입을 조용히 열었다.

"승객 여러분, 감사합니다. 앞으로 여생을 착하게 열심히 살겠습니다."

승객들이 한마디씩 던지기 시작한다.

"감사는 무슨! 할아버지, 여기 앉으세요."

"할아버지 앉으세요. 할아버지 이 경로석에 앉으세요."

전 씨, 깊은 한숨을 쉬며,

"늙으면 죽어야지~"

승객 대부분은 갑자기 바싹 늙어비린 전 씨의 얼굴을 알아보지 못했다.

459. 시위

종합병원 간호사들이 단체로 침묵시위를 벌이고 있는 것을 보고 현수는 엄마에게 물었다.

간호사들은 일제히 마스크를 한 채 시위를 하고 있었다.

"엄마, 저 누나들은 지금 뭐하는 거야?"

"시위를 하는 거란다. 떼쓰는 거지."

"왜 떼를 써?"

"월급 올려달라는 거란다."

이번엔 복도에서 남자들이 마스크를 단단히 한 채 의자에 앉아있는 것을 보고 현수는 엄마에게 물었다.

"저 아저씨들도 시위하는 거야? 월급 올려달라고."
"아니야, 저 아저씨들은 감기 낫게 해달라고 시위(?)하는 거야."

간호사들의 시위 때문에 제대로 진료를 받지 못하고 있던 감기 환자들이었다.

460. 효녀

운전면허 필기시험장.
한 여자 응시생이 시험 보던 중 핸드폰을 받는다.
"여보세요. 어머니세요. 식사하셨어요? 꼭 챙겨 드세요. 제가 없더라도. 끼니 거르지 마세요."
여자가 핸드폰을 끊자, 이번엔 남자 응시생이 핸드폰을 받는다.
"여보세요. 어머니세요? 네? 지금 바쁘니까 끊어요!"
남자가 퉁명스레 핸드폰을 끊자, 시험관이 남자에게 다가온다.
"시험 중에 핸드폰을 받으면 어떡합니까! 다른 사람에게 방해되게. 퇴장하세요!"
"아니, 저 여자한테는 아무 말도 못하고 왜 나한테만 퇴장명령을 내리는 거요!"
여자 얼굴을 대충 훑어보던 남자,
"얼굴 예쁘다고 봐주는 겁니까!"
"저 여잔 마음이 예쁩니다. 난 태어나서 처음 봤소. 저런 효녀를."
효녀의 효심은 때와 장소를 가리지 않으며 효녀는 언제 어디서나 환영받는다.

461. 무덤

욕심 많은 한 정치인이 몹쓸 병에 걸려 죽기 바로 직전에 있었다. 장남이 마지막으로 아버지께 말했다.

"아버지, 유언하십시오. 녹음준비 다 됐습니다."

정치인은 아들에게 육성 녹음을 부탁했나보다. 정치인 입이 힘들게 열린다.

"내 무덤 두 개 만들 거라."

"아버지! 무덤까지 욕심을 부리세요!"

"시키는 대로 해."

"하나는 뭐하시게요?"

"한 곳은 날 묻어주고, 또 한 곳은 내 재산을 다 묻어줘라."

"그럴 바에 차라리 세 개를 파겠습니다."

"뭐 하러 무덤을 세 개씩이나 파?"

"저도 들어가게요."

462. 클릭

컴퓨터의 황제, 빌게이츠가 소프트웨어 판매 상담을 위해 바이어와 만나 악수를 청했다. 그런데 빌게이츠는 악수를 하면서 장난을 쳤다. 바이어의 손을 쥐고 집게손가락으로 눌렀다, 뗐다, 반복하는 것이었다.

이런 빌게이츠의 행동에 바이어가 화가 났다.

"지금 뭐하는 겁니까!"

"클릭 중입니다. 이걸 끊게 되면 금단현상이 일어나거든요."

컴퓨터 천재도 직업병 앞에선 어쩔 수 없었다.

463. 정신분열증

징집연령이 된 현수가 군대를 면제 받기 위해 허위진단서를 만들려고 한다. 정신분열증이 있으면 군대 안 간다는 사실을 알고, 한 정신병원에 들어간 현수, 의사에게 애원하듯 부탁한다.

"선생님, 제가 백만 원 드릴 테니까 정신분열증이 있다는 진단서 하나 떼어주세요. 내일 신검날짜라 오늘 꼭 떼어놓아야 면제 받을 수 있습니다."

의사는 "No!"라고 하였다.

하지만 현수는 더 크게 불렀다.

"그럼 4백 드릴게요. 아니면 전 재산 다 드릴게요!"

의사, 도저히 못 참겠다는 표정으로 자리서 벌떡 일어난다.

"이 사람이 미쳤나!"

"네, 미쳤습니다."

현수는 결국, 군대 면제 됐다. 면제사유는 뇌물공여죄 적용으로 군대 대신 감옥을 가게 된 것이다.

464. 마당발

군대 면제 받은 가난한 아이와 부잣집 아이의 대화.

오렌지족 버금가는 부잣집 아이가 가난한 아이에게 비아냥댄다.

"넌 어떻게 해서 군대 면제 받은 거니? 혹시 어디가 병신 아니야?"

"발 때문에 못간 거야."

"발?"

"난 마당발이거든. 평발 알지? 그러는 너는 군대 갔다 왔어?"

"사실, 나도 면제 받았어."

"넌 왜 면제 받았는데? 대개 건강해 보이는데."

"나도 발 때문에 면제 받았어."

"너도 마당발이니?"

부잣집 아이는 비아냥댄다.

"난 너랑 차원이 다른 발이야. 오렌지족(足)! 우리 아빠 별명이 마당발이야. 힘(?) 있는 사람을 많이 알고 있거든. 전화 한 통이면 끝이야."

465. 유아교육과

노인대학에 유아교육과 학생들이 실습 차 찾아와 노인들을 교육시키고 있었다.

이를 듣고 기자가 찾아왔다. 기자가 한 여학생에게 물었다.

"유아교육과 학생들이 노인들을 어떻게 가르치나요? 유아교육과 학생은 유치원에서 일해야 되는 거 아닌가요?"

"모르시는 말씀! 늙으면 어린애들처럼 변하는 걸 모르시군요."

466. 춘자

대통령 J씨가 자신의 재산 모두를 공개하겠다고 큰소리쳤다. 고급주택과 자동차, 고가의 헬스클럽과 골프회원권, 선박 등을 합쳐 7억뿐이라고 했다. 이에 정치부 기자가 의아해 물었다.

"도저히 믿기지 않습니다. 눈으로 보이는 건만 해도 재산액이 대단한데."

"뭐가!"

"어떻게 7억뿐입니까! 가슴에 손을 얹고 깊이 생각을 하십시오. 지금 집안 식구들이 보고 있습니다."

"(침울한 표정을 지으며) 내 솔직히 말하리다."

심경의 변화가 일어난 모양이다.

"말해보세요. 또 몰래 숨겨 놓은 재산이 있지요?"

"네, 있습니다."

"얼마입니까?"

"그런데 요즘 시세가 얼마나 갈지 모르겠소. 너무 오래돼나서~"

"골동품인가요?"

"그런 셈이지. 정치입문 당시부터 지금까지 내 옆에서 나의 삶의 질을 높여주고 위안을 안겨준 거니까."

"청자인가요? 백자인가요?"

"춘자입니다."

"네?"

"이거 말고도 경자, 순자, 말자도 있소이다." (요정 마담들)

467. 자판기

자판기에서 파손된 담배를 뽑은 현수, 관리 아저씨에게 따졌다.
"이 담배가 왜 파손 됐지요?"
"그야, 당신이 파손된 천 원짜리 지폐를 넣어서 그렇지!"

468. 복채

예전에 들렀던 점쟁이 집을 현수가 다시 들렀다.
"도사님, 그때 취직문제 말입니다."
"취직 됐나?"
"아니요. 그때 예방을 했는데도 왜 취직이 안 되는 거지요?"
"안 될 수밖에."
"왜죠?"
"그때 복채, 외상 졌잖아!"

469. 결혼식

결혼식이 열리고 있었다. 사회자의 씩씩한 큰 목소리가 들렸다.
"지금부터, 신랑 김방석 군과 전래순 양의 결혼식을 시작하겠습니다. 신랑입장!"
신랑이 식장에 발을 들여놓자 하객들이 갑자기 웅성대기 시작했다.
"나 참, 살다 살다 별걸 다 보네. 무슨 노인네들이 결혼을 해."

한 하객이 말하자, 또 한 하객이 말을 받아친다.

"그게, 사연이 있다고 말하더군."

"어떤 사연?"

"저 두 분이 처음 만났을 때 둘 다 20세였데. 그때 약속을 했다더군."

"무슨 약속?"

"집 장만했을 때 결혼식 올리고 애 갖자고."

470. 군대

군인 아들이 소꿉장난을 하고 있었다. 장난감 비행기를 가지고 노는 아이가 있는가 하면, 장난감 배를 가지고 노는 아이도 있었다.

지나던 한 노인이 이 아이들에게 장래의 꿈을 묻자, 비행기를 가지고 노는 아이의 꿈은 공군조종사였고, 배를 가지고 놀던 아이는 선장의 꿈을 가지고 있었다.

한쪽에서는 장난감 없이 빈손으로도 잘 노는 아이도 있었다. 이 아이에게도 노인이 꿈을 묻자, 아이는 군대면제의 꿈을 꾸고 있었다.

471. 독서

3개월에 가까운 긴 여름방학을 마치고 학생들이 교실에 모였다. 선생님은 아이들의 방학기간이 궁금했다. 반장에게 물었다.

"방학 동안에 뭘 했니?"

반장은 독서를 했다고 대답했다.

"'죄와 벌'을 완독했습니다."

부반장에게도 물었다.

"넌 방학 동안에 무슨 일을 주로 했니?"

"저도 독서를 했습니다."

부반장은 '지와 사랑'을 탐독했다는 대답을 했다.

그런데 이상하게도 선생님은 반장과 부반장이 맘에 안들은 모양이다.

"니들! 왜 그런 책을 읽어! 앞으로 그런 책 읽지 마!"

잠시 후, 선생님은 현수에게도 물었다.

"넌 어떤 방학을 보냈니?"

현수 대답을 듣고 선생님은 현수에게 칭찬을 아끼지 않았다.

현수는 방학 내내 국 영 수만 읽었단다.

472. 다당제

다당제를 주장하는 다선의원이 과로로 쓰러진 후 입원치료 중 의사를 만났다.

"내 병의 원인이 뭡니까?"

"당을 줄이시고 이제부턴 없는 사람을 위해, 빈민층을 위해 여생을 사십시오. 절대 합병을 일으키는 일을 하지 마세요."

"합병 안 합니다. 독자노선을 걸을 겁니다."

의사가 정치인을 속으로 크게 비웃었다.

'당뇨병은 합병증을 조심해야 한다는 말을 더럽게도 못 알아 처

먹네!'

473. 아르바이트

현수가 TV 뉴스를 보고나서 장래희망을 갑자기 바꿔버렸다.
"엄마, 나 국회의원 안 할래."
"아니 왜! 그럼 뭐가 되려고?"
"의사가 될 거야."
"국회의원은 어떻게 하고?"
"국회의원은 아르바이트로 하지 뭐."
"그게 시간적으로 가능할까?"
"시간은 충분해. 우리나라 국회의원은 회기 4일 중 3일 꼴로 공전이래."
엄마가 고개를 끄덕인다.
"아르바이트가 가능하겠구나."

474. 쇠톱

실직자가 된 현수, 일자리 구하기가 하늘에서 별 따기만큼 힘들다는 사실을 직시하고 새 직장을 갖기로 작정했다. 새출발을 위한 직장은 걸인이었다.
우선, 서울역에 무작정 도착해 거지에 대한 자문을 얻기 위해 경력 많은 할아버지 걸인에게 다가갔다.

할아버지 : 경험 있냐?

현수 : 아니요.

할아버지 : 내가 기초적인 사항을 알려줄게.

현수 : 특별한 자격이 있나요?

할아버지 : 자격은 딱 한 가지. 사기 치지 말고 돈 벌자!

현수 : 우선 제가 할일이 뭔가요?

할아버지 : 우선 쇠톱 구해와.

현수 : 그건 왜요?

할아버지 : 다리나 팔 중 하나 자르고 영업 시작해야지.

현수 : 네! (한숨 쉬며) 쉬운 게 없구나.

할아비지 : 남에 돈 먹기가 이디 쉬운 줄 알아!

현수 : 직장상사와 똑같은 말을 하시네~

475. 혼혈

지역감정이 세계적으로 제일 심한 우리나라에서 총선이 벌어졌다. 영호남의 지역감정은 이미 도를 넘어선 전쟁으로 비화되어 있었다. 영호남을 대표하는 폭력배들은 약방의 감초식으로 선거전의 과열을 가열시켰다.

서로 기선을 제압하기 위해 유세장을 찾았다. 이때 건장한 사내가 현수에게 다가와 아주 기분 나쁜 투로 말을 건넸다.

"아그야, 니는 전라도냐? 경상도냐?"

또 다른 사내가 현수 옆으로 천천히 다가와 물었다.

"당신! 고향이 전라도이가, 아이면 경상도이가?"

현수, 겁에 질린 채 대답을 하기를,

"전, 혼혈인데요."

"뭐?"

"전라도 아빠와 경상도 엄마 사이에서 태어난 혼혈이라고요!"

476. 미인

얼굴이 못생긴 여고 3년생 우수정이 엄마에게 물었다.

"엄마, 못생긴 여자와 예쁜 여자 중 누가 더 빨리 늙어?"

지체 없이 대답하는 엄마,

"그야, 예쁜 여자가 더 빨리 늙지."

"왜 빨리 늙어?"

"남자들이 너무 많이 쳐다봐서 닳고 닳아버린 거지. 너덜너덜."

우수정은 여름방학에 성형수술 하려 했던 계획을 백지화하기로
결심했다.

477. 광복

1996년 여름 어느 날, 현수가 아빠에게 물었다.

"아빠, 7월 12일이 무슨 날이야?"

"초복이지, 개먹는 날."

아빠 입맛을 다셨고, 현수의 질문은 계속 이어졌다.

"7월 22일은 무슨 날이야?"

"중복이지, 개잡아먹는 날."

아빠는 입맛을 다시 다셨다.

현수의 질문은 계속 됐다.

"8월 11일은 무슨 날이야?"

"말복, 개잡아먹는 날."

현수는 마지막 질문을 했다.

"그럼, 8월 15일은 무슨 날이야?"

아빤 갑자기 흥분한다.

"광복!"

"광복엔 무슨 고기 먹어?"

아빠가 아주 심하게 입맛을 다신다. 마치 사흘 굶은 사자처럼.

"일본 놈들을 잡아먹는 날이다!"

478. 서리

뉴스를 지켜보던 현수,

"엄마, 수박서리와 닭서리가 뭐야?"

"장난삼아, 못된 생각을 가진 아이들이 수박과 닭을 훔치는 안 좋은 행위란다."

"만약, 주인한테 걸리면 어떤 처벌을 받아?"

"주인이 한번 정도는 눈감아주지."

"그럼, 국무총리 서리와 대통령 서리는 무슨 소리야?"

"장난삼아, 못된 사람들이 국무총리와 대통령을 훔치는 거야."

"만약, 국민에게 걸리면 어떻게 되는 거야?"

"그건, 절대 안 봐주지."

479. 공무집행 방해죄

법대생들이 교수와 판례법에 대해 논하고 있었다.

현수가 교수에게 좀 곤란한 질문을 했다.

"한강에 투신자살 하려는 전직 비리 대통령을 구해준다면 생명의 은인입니까?"

"아니야, 그건 구속감이야."

"죄목이 뭐지요?"

"공무집행 방해죄!"

480. 태평양

김정일은 쪽발이처럼 우기기 작전을 잘 구사한다. 평상시 엉뚱하고 억지 부리기 일쑤다. 북한을 방문한 남한 기자가 물었다.

"북한의 수도가 어디지요?"

또 억지다.

"태평양입니다."

"네! 태평양이라니요?"

"지금 기자 동무가 묻지 않았소? 수돗물 어디서 쓰냐고. 북조선 인민들은 태평양 물을 먹습네다."

북한의 수도가 태(太)평양이라는 억지. 독도가 일본 땅이라고 우기는 그들과 수준이 같다.

481. 돌

현수가 아빠와 바둑을 두었으나 만방으로 지고 말았다. 그런데도 싱글벙글이다.

"아빠, 바둑이 너무 재미있어요."

"야! 세 판을 내리 깨지고도 뭐가 재미있어. 이 돌아!"

아빠는 현수를 너무 무시해 버리는 것 같이 보였다. 아들을 잔인하게도 돌로 여겼다. 그래도 현수의 의지는 꺾이지 않았다.

"그래도 바둑을 두면서 배운 게 한 가지 있어요."

"뭘 배웠는데?"

"비록 돌(돌 머리)일지라도 돌끼리 뭉치면 대단한 힘을 발휘한다는 걸 알았어요."

482. 마약

교통순경이 고속도로 입구에서 멋진 스포츠카를 일방적으로 세웠다. 차 안에는 아주 섹시한 모습으로 담배를 피우는 젊고 싱싱한 여자가 타고 있었다.

경찰은 여자에게 접근을 했다. 담배를 아주 깊고 맛있게 빠는 여자에게 "흡연운전 하셨습니다"라고 경찰은 조용히 속삭이듯 말했다.

여자가 "당신은 교통순경인가요?"라고 따져 묻자, "난 전직 마약담당 형사요!"라고 경찰은 목에 힘을 주었다.

"어쩐지 예리하더라."

여자는 자신의 차에서 순순히 내렸다. 여자가 핀 담배는 대마초였다. 어릴 적부터 미국생활에 길들여져 멋모르고 엉겁결에 습관 하나가 나온 것이다.

483. 518

볼품없는 할아버지가 돼버린 전직 대통령 전 씨와 노 씨가 제2의 인생을 위해 사업을 시작했다. 그런데 전화국에서 공짜로 준 두 대의 전화번호가 심상치 않았다.

518-1212와 517-1212였다(과거를 잊지 말고 살라는 뜻).

484. 치료비

건강이 안 좋아 하나님을 찾게 된 우수정이 헌금을 100만 원했다.

목　사 : 헌금을 많이 하셨기 때문에 축복 많이 받을 겁니다.

우수정 : (인상이 일그러지며) 그건 헌금이 아니에요.

목　사 : 그럼 봉사료인가요?

우수정 : 치료비입니다.

우수정은 악성(?) 불면증 환자였다.

485. 비장애인

비장애인이 장애인처럼 꾸며 장애인에게 주어지는 각종 혜택을 불법적으로 받는 모습을 사회복지사에 의해 발각됐다. 복지사는 곧바로 경찰에 신고를 했다.

그런데 경찰은 조사를 잠시 동안 하더니 그를 집으로 돌려보내는 게 아닌가. 복지사가 따지자, 경찰을 귀찮은 듯 이렇게 말했다.

"장애자 맞습니다. 성격장애자."

486. 연기

연극영화과 입학을 위한 최종면접 시험을 우수정이 긴장된 모습으로 치르고 있었다. 면접관인 지도교수가 물었다.

"연기에 자신 있나? 자신에게 잘 맞는 연기를 이 자리에서 한 번 해봐."

멍석을 깔아줬지만 우수정은 긴장을 너무한 나머지 딴 짓을 했다. 윗도리 안주머니에서 봉투 하나를 꺼내 교수 손에 쥐어준 것.

"교수님, 잘 부탁드립니다. 봉투엔 505만 원이 들어있습니다."

우수정은 교수의 얼굴 근처로 다가가 귓속말을 했다.

"합격하면 더 드리겠습니다."

"이러면 안 돼! 이건 뇌물이야!"

"교수님, 진정하세요. 저는 지금 연기를 한 것뿐입니다. 제 연기 살아있지요? 교수님이 속아 넘어갈 정도니까~"

"자넨 불합격이야! 연기력이 부족해."

"실감나게 연기 했잖아요!"

불합격 이유를 따지자, 교수는 "연기를 실감나게 하려면 소품도 실감 나야지 리얼리티 몰라!" 하며 가짜로, 임시방편으로 만든 봉투 안의 종잇조각을 꺼낸다.

487. 별

몸이 몹시 허약한 남자 친구에게 우수정이 군대에 다녀왔냐고 묻자, 남자 친구가 큰소리친다.

"별을 달았어."

"별?"

"응. 별 하나를 달았어."

"그럼 준장이겠네? 군대생활 몇 년 했는데?"

"2년 6개월."

"별 달 수 있는 기간이 그 정도의 시간이면 충분한 거야?"

군대 가기 싫어서 서류조작 했다고 실토하는 남자친구, 징역 2년 6월의 별도 별.

488. 한 표

정치 희망자에게 기자가 물었다.

"왜 정치를 하려고 하나요?"

"고치려고요."

"우리나라 부패정치를 고치겠다는 거군요?"

"아니요."

"솔직하게 말씀해 주시지요. 그러면 한 표 드릴게요."

"팔자 고치게요."

기자, 고민 끝에 한마디 던진다.

"한 표 힘들겠습니다."

"조금 전과 약속이 왜 다른 건가요?"

"그렇게 솔직해가지고 우리나라 정치세계 속에서 살아남을 수 있겠어요!"

489. 발음

영어과 출신인 우수정이 방학을 맞아 중학생 아이들을 대상으로 영어 무료특강을 실시했다. 그런데 강의 도중에 한 아이가 우수정에게 시비를 걸어와 우수정을 화나게 만들었다.

이 아이는 부모덕에 어릴 적, 잠깐 미국에 머문 적이 있었다.

"선생님의 발음이 좀 이상해요. 왜 발음이 그 모양이지요!"

우수정 얼굴이 발개진다.

"이 특강이 무료라 그렇다! 수강료 내면 발음이 달라진다."

490. 백일장

초등학교 3학년 아이들이 백일장을 위해 고궁을 찾았다. 선생님은 아이들에게 "유서 깊은 이곳에서 글짓기 대회를 열겠다"고 말했다. 이윽고 즉석에서 입상작을 발표하기로 했다.

아이들의 여러 글 중에 유독 눈에 띄는 글이 하나 있었다. 현수의 글이었다. 참 특이한 글이라며 선생님은 그 자리에서 직접 낭독을 했다.

'세상이 썩었다. 난 이게 싫다. 난 저 높은 곳으로 가고자 한다. 머나먼 고향. 세상이 싫다. 나의 고향으로 가런다. 세상아 날 잡지 말거라.'

선생님은 이 특이한 글의 주인인 현수를 불러 물었다.

"이 글의 제목이 뭐니?"

현수의 대답엔 힘이 하나도 없었다.

"그거, 유서에요."

과다한 사교육의 한 단면을 보는듯하다.

491. 맥주병

친구들이 군대 이야기를 하려들면 자리를 슬쩍 피하는 현수가 고교동창들의 군대 얘기를 억지로 듣고 있었다. 동창들은 UDT 출신과 해군, 해병대 출신이 대부분이었다.

수영에 일가견이 있다는 자랑들이다.

자리를 피하려는 현수를 해병대 출신의 동창이 막는다.

"어디를 가려고? 넌 군대 얘기 안 해?"

"난 맥주병 출신이라, 너희들과는 대화가 안 돼!"

현수 입에서 술 냄새가 몹시 났다.

"맥주병이면 수영을 조금도 못한다는 말이구나?"

"아니야, 난 술을 좋아해."

현수는 알코올중독이 심해 군 면제 받았다.

492. 비듬

전두환 씨가 오랜만에 동네 이발소에 들어가 여자 이발사에게 머리를 맡겼다. 그런데 여자 이발사는 손이 너무나 더뎌 2시간은 족히 넘는 시간이 걸렸다.

다혈질의 전 씨는 참을 수가 없었다.

"이것 봐. 왜 이렇게 더뎌! 숱도 별로 없는 데."

이발사의 변명이 기분 나쁘다.

"아저씬 숱은 없지만 비듬과 이가 너무 많아요. 비듬을 죽이느라고 오래 걸린 거라고요."

선 씨의 주특기가 발휘된다.

"왜 남에 비듬을 주인 허락 없이 죽이는 거야! 도로 살려내!"

493. 상무이사

한 대기업에서 신입사원을 위한 면접이 실시됐다. 면접관이 섹시한 미녀 우수정에게 연속적으로 쉴 틈 없이 물었다.

"컴퓨터 잘 아나?"

"아니요. 잘 모릅니다."

"그럼 영어는?"

"잘 모릅니다."

면접관의 눈초리가 심상치 않게 올라간다.

"뭘 믿고 여길 왔나! 얼굴과 몸매 하나로 밀어붙이겠다는 건가!"

잠시 침묵이 흐른 후,

"그럼, 일어는 좀 하나?"

잘 모른다는 표시로 고개를 흔드는 우수정에게 면접관이 소리를 버럭 지른다.

"이것 봐! 그럼 아는 게 도대체 뭔가!"

우수정, 갑자기 목소리에 힘이 잔뜩 들어간다.

"이 회사 상무이사를 잘 알고 있습니다. 저희 작은아버지 되시거든요."

494. 이상형

배우자를 중매하는 컴퓨터 앞에 경자와 우수정이 원하는 배우자형을 다음과 같이 입력하고 결과를 기다렸다. 자신의 신상명세와 함께.

"키가 커야 함. 잘 생겨야 함. 돈이 많아야 함."

잠시 후, 모니터에 "당신의 이상형은 탤런트 장동건입니다"라고 떴다.

이번엔 우수정이 원하는 배우자형을 입력했다. 자신의 신상명세와 함께.

"돈만 많으면 오케이! 유머감각이 있으면 오케이. 솔직해야 하고 괴팍해도 돈만 많으면 오케이!"

잠시 후 모니터에 "당신의 이상형은 김정일 국방위원장입니다"라고 떴다.

495. 인기

꼬마가 엄마에게 물었다.

"엄마, 연예인은 뭘 먹고 살아?"

엄마의 대답은 의외였다.

"인기를 먹고 산단다."

"그럼, 정치인은 뭘 먹고 살아?"

이번엔 예상된 대답이 나왔다.

"욕을 먹고 산단다."

496. 식민지

2000년 8월 15일, TV 오락프로를 보던 현수가 갑자기 낮잠을 자던 아빠를 깨워 물었다.

"아빠, 식민지가 뭐야?"

난데없이 이상한 질문을 한 현수에게 아빠가 되물었다.

"식민지라니?"

잠시, 아빠는 TV 프로를 하나 눈여겨보며 현수에게 상세히 설명을 해주었다.

"식민지란, 다른 거 없어, 모든 프로그램(아이디어)을 모방하면 식민지지."

497. 단증

교통경찰관에게 한 남자가 신호위반으로 적발됐다.

"신호위반 하셨습니다. 면허증을 제시해 주십시오."

남자가 면허증을 보여준다. 경찰은 남자가 제시한 면허증에 문제가 있다는 것을 발견했다.

"면허증 사진이 선생님 맞습니까?"

남자가 시인한다.

"사실, 그 면허증 돈으로 산거요. 3백만 원주고."

경찰이 남자를 노려보자 남자는 경찰을 위협한다.

자신의 안주머니에서 무엇인가를 자신 있게 꺼내 보인다. 태권도 3단이라고 명기돼 있는 단증이었다.

"당신, 까불면 맞아! 못 본 척 그냥 눈감아주면 내가 손 안 보지."

남자의 위협 속에 경찰은 겁에 질리기는커녕 더 기세등등하다. 조소까지 짓는다.

"그 단증도 돈으로 산 거 다 압니다."

498. 휴가

할머니들이 일하는 인형공장에 기자가 찾아와 사장에게 늙은 여자들만 고용하는 이유를 물었다.

"여긴, 할머니들뿐 이군요. 젊은 여자를 왜 안 쓰는 거지요?"

"우리 회사엔 50명 전원이 60살 넘은 할머니들 입니다."

"그 이유가 뭐지요?"

"그 놈의 휴가 때문입니다. 납품 마감을 맞추려면 꼭 여자들은 그 휴가 타령을 합니다."

"휴가요?"

사장의 간결한 대답 속엔 일리가 좀 들어 있었다.

"할머니들을 고용한 이유는, 값싼 임금과 함께 출산휴가와 생리 휴가가 반납되기 때문입니다."

사장은 할머니들은 젊은 여자들보다 더 성실하다는 말도 잊지 않았다.

499. 국회의원

미국에서 세계 목사대회가 성대히 열렸다.

첫 번째 참가자는 노래를 시작으로 설교를 멋있게 했다. 인기가수 출신답게 청중의 뜨거운 박수를 들을 수 있었다.

다음은 설교내용에 코믹한 내용을 집어넣어 듣는 청중들에게 함박웃음을 주는 코미디언 출신의 목사 차례였다. 그는 많은 사람들에게 즐거움을 듬뿍 주고 단상에서 내려왔다. 인기최고였다.

그 다음은 현수가 단상에 올랐다. 현수는 특이하게 많은 약속들을 해댔다. 현수는 국회의원 출신답게 지킬 수 없는 많은 약속을 했다. 자신을 뽑아주면 밥을 사겠단다.

청중의 수는 얼추 5천 명.

5OO. 정신력

뚱뚱한 여자가 단식원에 찾아가 원장과 상담을 했다.
"원장님, 살을 빼고 싶은데 어떻게 해야 하나요?"
원장은 여자에게 정신력을 강조했다.
"살을 빼기 위해서는 정신력이 중요합니다."
"어떤 정신력이 필요한가요?
"헝그리 정신!"

5O1. 재테크

경제토론 프로에 초대 손님 세 명이 출연해 미녀 MC 우수정의
질문을 차례대로 받았다.
흰 와이셔츠차림의 남자 출연자에게 우수정은 "재테크를 어떻게
하냐?"고 물었다.
남자 출연자는 "저축합니다"라고 했다.
이번엔 배가 많이 나온 남자에게 "재테크를 어떻게 하냐?"고 물
었다.
남자는 부동산이라고 대답했고, 남자의 직업은 사업가였다.
마지막으로 머리가 짧은 남자에게 "재테크는 뭘 하냐?"고 물었
다.
남자는 "수금합니다"라고 무섭게 대답했다.
"직업이 뭔가요?"
조직폭력배 두목의 유일무이한 재테크 방법은 수금이었다.

502. 신경쇠약

토크쇼에 80 넘은 두 노인이 초대됐다. 한 노인은 부자였고, 또 한 명은 몹시 가난한 노인이었다. MC가 가난한 노인에게 물었다.

"지금까지 어떤 맘으로 살아왔나요?"

"평생 가난과 싸우면서 정정당당하게 살아왔어요."

가난은 힘이 없기 때문에 그다지 신경 쓸 필요가 없다는 노인의 말이다.

이번엔 부자에게 물었다.

"지금까지 어떤 맘으로 살아오셨나요?"

"평생 논을 지키느라고 신경쇠약과 싸우면서 살아왔습니다."

부자는 힘이 있기 때문에 언제든지 배신할 수 있다는 노인의 판단이다.

503. 돈

정경유착의 대표적인 대기업에서 최종 면접을 실시했다.

최종적으로 남은 사람은 세 사람이었다.

면접관이 첫 번째 응시생에게 물었다.

"우리 회사에 입사를 하게 된 동기를 솔직담백하게 말해 봐요."

"자아실현을 위해 입사를 결정했습니다."

두 번째 응시생에게도 같은 질문을 던지자 대답은 이랬다.

"회사의 발전과 국가의 발전을 위해 이 한 몸을 바치려고 입사를 결정했습니다."

응시생 중 마지막은 현수. 먼저 두 사람과의 대답은 확연히 달랐지만 대답 결과, 먼저 두 사람은 불합격 처리됐지만, 현수만 합격했다.

현수의 면접관에 대한 대답은 이랬다.

"전 돈 벌기위해, 아니 먹고 살기위해 입사를 했습니다."

504. 위반

중년남자가 과속을 하다가 여경에 의해 적발되고 말았다.

"신호위반 하셨습니다. 면허증을 제시해 주십시오."

"죄송합니다. 못 봤습니다."

"신호를 못 봤다는 말인가요? 거짓말~"

"아니요, 경찰 아저씨를 못 봤다고요."

505. 정직

우수정이 신랑후보 세 명을 두고 행복한 고민에 빠졌다.

첫 번째 남자는 돈이 많은 남자였고, 두 번째 남자는 일류대 출신으로 머리가 아주 좋은 신체 건강한 남자였다. 이들은 각자 자신들이 잘났다는 자랑을 늘어놓기 바빴다.

"난 남들보다 돈이 많습니다. 현금 10억 정도 있습니다. 아버지는 100억 정도 보유하고 있는 갑부입니다."

"전 서울대 출신입니다. 지능지수가 150이 넘고 아버지 또한 지능지수가 높습니다."

우수정은 이들의 심한 자랑에 감탄해야 했다.

"어휴!"

그런데 마지막으로 세 번째 남자는 자신의 소개를 아주 소박하게 했다.

"전 돈도 없고 머리도 그리 좋지 않아 삼류대 나왔어요."

우수정은 마지막 남자를 배우자로 선택했다. 돈도, 머리도 아닌, 정직과 겸손을 선택한 것이다.

506. 인간문화재

명창으로서 타인에게 어느 정도 실력을 인성 받아온 소리꾼이 각고의 노력 끝에 인간문화재 후보에 올라 정부와 관계 당국의 심사결과를 기다리게 됐다.

하지만 며칠 후 심사에서 탈락을 하고 말았다.

명창이 심사위원장을 무턱대고 찾아갔다.

"전 모든 이로부터 찬사를 받고 있는 몸입니다. 왜 내가 탈락한 거지요?"

소리꾼이 따지자, 심사위원장 왈,

"명창으로서의 점수는 100점입니다만, 인간성은 0점으로 나왔거든요. 인간문화재는 인간성을 1순위로, 아주 중시 여깁니다."

명창은 지울 수 없는 뒤늦은 후회를 한다. 이번 심사에 잘 봐달라는 뜻으로 전달한 거액의 로비자금이 발각된 것이다.

507. 일기장

개학날, 선생님은 일기숙제를 검사하던 중 우수정의 일기 내용에 문제점을 발견했다.

"7월 2일 화요일 맑음. 엄마가 심부름을 시켰다. 무 3,000원, 배추 1,000원"

"7월 3일 수요일 구름 많이 낌. 엄마가 심부름을 시켰다. 참기름 1병 1,200원, 꽈리고추 1근 2,000원…"

선생님은 더 이상 읽어내려 갈 수 없어 우수정을 급히 불렀다.

"이게 일기장이니, 아니면 가계부니?"

"제가 설거지하는 동안에 어제 엄마가 급하게 대신 써주셨어요."

508. 나이트클럽

단과대 학장이 졸업반 학생들과 함께 진로를 함께 고민했다.

경영학과 졸업을 앞둔 학생에게 학장이 진로를 묻자, "술집을 경영하겠다"고 밝혔고, 성악과 졸업반 여학생은 나이트클럽에서 노래 부르는 밤무대 가수가 되겠단다.

무용과 학생은 쇼걸을 한다고 대답해 심히 학장의 맘을 편치 않게 만들었다.

"모두들 술집에서 일하겠다고! 이런 한심한 것들!"

학장은 현수에게 기대할 수밖에 없었다.

"자네, 정치학과 졸업 후 어디로 진출 할 건가? 자네도 술집이 야?"

"아닙니다. 전 그냥 나이트클럽 손님으로 남고 싶습니다. 기회가
된다면 나이트클럽 뒤를 봐주고 싶고요."

509. 외제

대통령을 심히 욕하는 우수정에게 현수가 물었다.
"넌, 왜 한 나라의 국가원수를 욕하는 거니?"
"맘에 안 들어, 전부!"
"그럼, 우리나라는 대통령을 수입해 와야 되겠구나?"
"대통령을 왜 돈 들여서까지 수입을 해?"
"우리나라 사람은 외제라면 환장을 하니까."
"설마, 북에서 수입하는 건 아니겠지?"

510. 발레

예술회관에서 발레공연이 한창 진행되고 있었다. 그런데 10여명
의 미녀들의 환상적인 공연이 계속되고 있을 때 일이 벌어지고 말았
다.
갑자기 천장에서 물이 새기 시작한 것이다(밖엔 비가 내리고 있
었다). 관객들은 우왕좌왕할 수밖에 없었고 공연 책임자는 즉각 마
이크를 잡고 해명하기 바빴다.
"여러분, 진정하세요. 공연은 계속되오니 안심하시기 바랍니다."
이때 관객 중 한 사람이 소리를 쳤다.
"이 상황에서 무슨 공연을 계속한다는 거요!"

관객들은 환불을 요구하기 시작했고 여전히 해명하는 공연책임자다.

"2부 공연이 곧 펼쳐지오니 가만히 자릴 지켜주십시오."

책임자가 자신 있게 지시하듯 말을 하자, 더욱더 세게 따지는 관객들이다.

"2부! 2부라니!"

"2부 공연은 싱크로나이즈드스위밍 공연입니다."

책임자는 누운 김에 자랬다고 수중발레로 대체하는 얄팍한 잔머리를 써서 관객들을 우롱했다.

511. 서명

한 대형식당에서 연예인과 정치인이 식사를 마치고 문을 나서는데 사람들이 연예인에게만 벌 떼처럼 몰려들어 사인을 받고 있었다. 정치인에게는 단 한 명도 접근을 하지 않았다. 정치인은 몹시 실망했다.

그러나 실망은 잠깐, 잠시 후 한 중년남자가 정치인에게 다가와 급하게 사인을 부탁했다. 정치인은 희희낙락하며 남자에게 사인을 해주었다.

"고맙소. 나를 잊지 않고~ 이렇게까지 내가 인기가 있는 줄 몰랐소."

"인기라니요?"

"지금 사인 받았잖소?"

"이 사인은 부패정치인 추방 캠페인 서명운동 사인이에요."

512. 그룹사운드

결혼을 앞둔 가수가 선배 작곡가에게 물었다.

"선배님은 부부생활을 무엇이라고 생각하세요?"

"부부생활은 그룹사운드가 연주하는 모습과 별반 다르지 않아."

"연주라니요?"

"신혼 초엔 아내를 다룰 때 마치 베이스기타를 다루듯 조심스럽고 부드럽게 만지다가 결혼생활이 1년이 지나면 전자오르간과 전기기타 다루듯 좀 괴팍해진다는 말이야."

"2~3년이 지나면 어떻게 되지요?"

"그땐 드럼 연수처럼 되는 거지."

"그럼, 5년 이상 지나면요?"

"우리나라 그룹사운드가 5년 이상 가는 거 봤냐!" (대부분 솔로로 데뷔)

513. 학자금

입사 일 년 후 학자금·지원을 해준다는 회사에 취직한 현수가 입사 일 년이 지났다. 현수가 인사부장을 급하게 찾아갔다.

"부장님, 학자금 신청을 하려고 하는데요."

"이것 봐, 김 대리. 자넨 결혼도 안했으면서 어떻게 학자금을 신청하나?"

"저희 어머니 아버지가 노인대학 1학년에 모두 재학 중이십니다."

514. 아내

정권이 바뀌면서 1급 이상의 공무원의 재산이 공개됐다.

그런데 한 고위직 공무원은 자신의 재산을 아내뿐이라고 억지를 부려 여러 사람의 빈축을 샀다. 이 사람에게 기자가 물었다.

"거짓말 아닌가요?"

"정말입니다. 아내는 저의 모든 것입니다."

"아내를 그 정도로 사랑하나요?"

공무원이 인상을 쓴다.

"모든 재산은 아내 명의로 돼 있습니다."

515. 기본

불친절한 택시를 잡아 탄 우수정이 목적지에 도착하자마자, 기본 요금을 뺀 택시요금을 운전사에게 지불했다. 험상궂은 인상의 기사는 우수정을 무섭게 노려봤다.

"왜 기본요금을 안주는 거요! 죽고 싶어!"

하지만 우수정은 겁 내지 않고 그 이유를 당당히 밝혔다.

"못줘요! 아저씬 운전에 대한 기본이 전혀 안 돼 있어요!"

516. 소

오래 전에 한 대기업 총수가 소 떼를 몰고 북한에 간 일이 있었다. 평화를 위한 하나의 제스처였다. 하지만 그 당시, 북한은 은혜를 원수로 갚았다. 잠수정을 침투시켜 대한민국 국민 모두를 울분에 휩싸이게 만들었다.

국민들의 한결같은 원성은 "왜 이중성격자들에게 소 떼를 주느냐"는 불만이었다. 그러나 소 떼 몰고 갔던 대기업 총수는 속담을 응용해 강력하게 한마디 던졌다.

"나는 대(大)를 위해서 소를 버린 거요."

517. 소리

한 국회의원의 초대로 각계 전문가가 의사당 귀빈실을 방문했다. 이들은 특히, 청각이 아주 예민한 박사들이있다.

국회의원이 자동차 박사에게 물었다.

"박사님께선 고장 난 자동차를 어떻게 아십니까?"

"저는 자동차 엔진소리만 듣고도 어디에 결함이 생겼는지 압니다."

이번엔 컴퓨터 공학박사에게 물었다.

"고장 난 컴퓨터를 어떻게 아십니까?"

"드라이브 소리만 듣고도 어디가 결함 있는지 알 수 있어요."

이번엔 의학박사에게 물었다.

"사람이 어디가 아픈지 어떤 방법을 통해 아시지요?"

"전 사람의 말소리를 듣고도 그 사람이 어디에 이상 있는지 발견할 수 있습니다."

"그렇다면, 사람의 말소리 하나로 진찰이 가능하다는 말씀인가요?"

"그렇지요."

"그럼 저 좀 진료 부탁합니다."

의사는 정치인의 부탁을 들어 줄 수가 없었다.

"잘 모르겠는데요."

"왜요? 말소리로 진찰이 가능하다고 하셨잖아요."

"정치인들은 말소리로 진찰이 불가능합니다."

화가 몹시 난 국회의원이 따졌다.

"왜 그런지 그 이유를 압시다!"

"소리가 일정치 않아서요."

518. 웨이터

현수가 레스토랑에서 웨이터를 구한다는 소리를 듣고 그 레스토랑을 찾아갔다. 도착하자마자 면접을 보았다. 사장이 경력을 물었다.

"경력이 어떻게 되지요?"

"없습니다."

"그럼 조금만 기다려요."

사장이 자리를 떠난 지 한 시간 만에 다시 돌아오자, 현수의 인상이 짜증스럽게 변한다.

"많이 기다렸지? 조금만 더 기다리게."

사장은 2시간 만에 자리에 다시 나타났다. 현수는 더 이상 참을 수 없었다.

"사장님, 지금 장난하는 겁니까! 왜 사람을 기다리게 합니까!"

"지금 면접시험을 보는 거라고! 웨이터는 '기다리는 사람' 이라는 사실을 모르나?"

519. 시간

재벌총수와 실업자(失業者)의 대화다.

"회장님, 돈 좀 빌려 주시지요?"

재벌총수는 실업자 눈을 아주 무섭게 노려봤다.

"내가 돈을 빌려주면?"

"네?"

"자넨 나에게 뭘 해 줄 수 있나?"

"저도 빌려 드릴 게 있습니다."

"뭔가 그게?"

"(많은) 시간을 빌려드리죠."

"뭐?"

"쉽게 말씀 드려서, 회장님 회사에 입사를 하겠다는 겁니다."

재벌총수는 한참을 생각했다.

"그럼 6개월간 빌려주겠나?"

재벌총수는 싼 맛에 일을 맘껏 부려먹을 수 있는 계약직 인턴사원을 원했던 것이다.

단서조항을 다는 재벌총수,

"단, 그 전(前, 6개월)에 갚을 수도 있다는 사실을 마음속 깊숙이 가지고 있으라고."

520. 신약공부

현수를 비롯한 대학생 세 명이 조용한 절에 들어와 공부에 열중하고 있었다. 사법고시를 준비 중인 학생에게 주지스님이 물었다.

"공부 잘 되니?"

"네, 잘 되고 있습니다."

행정고시 준비 중인 학생에게도 묻자, 긍정적인 대답을 들을 수 있었다.

그런데 현수만 시무룩한 표정이다. 주지스님이 묻는다.

"넌 왜 그러고 앉아있냐?"

"전, 통 머릿속에 안 들어와요."

"넌 지금 무슨 공부하니?"

"신학공부요. 죄송합니다."

"뭐가 죄송하단 거여?"

"절간에 안 어울리는 신학공부를 해서요."

"상관없어, 숙박비나 두둑이 주고가면 그만이니까."

521. 개밥

귀빈들이 식사를 위해 레스토랑에 모였다. 귀빈 중에 철학자가 웨이터를 불렀다.

"웨이터, 여기 정식(定食) 하나 가지고와."

"어떻게 해드릴까요?"

철학자다운 대답.

"보편적인 미각성을 초월해 보다 형이상학적으로 해줘."

문학박사도 주문한다. 철학자 못지않은 난이도다. 어렵다.

"나도 정식! 서정적이면서 서사적이고 정형적으로 해와. 직유법은 쓰지 말고."

이번엔 국회의원이 주문을 했다.

두 사람의 주문보다는 쉬운 설명이었다. 깔끔했다.

"지역감정과 당리당략을 섞어서 갖고 와."

말이 떨어지자마자 웨이터는 개밥을 가지고 왔다.

웨이터는 국회의원이 떠드는 소리를 모두 개소리로 여기고 있었던 것이다.

522. 환자

사이비 목사가 설교를 하던 중 성도들이 일제히 일어나 '할렐루야'를 외쳤다.

설교 후 목사가 장로를 만났다.

"장로님, 제 설교가 괜찮았나 보지요?"

"왜요?"

"성도들이 은혜를 받고 벌떡 일어나서 손을 저에게 흔들어 보이더라구요."

"목사님의 설교가 훌륭해서 그런 게 절대 아닙니다."

"그럼?"

"잠자다가 잠꼬대를 한 겁니다. 몽유병 환자들이."

523. 기도

건강 : 건강할 때 잘 지켜야 하며
돈 : 있을 때 잘 관리해야 하며
기도 : 평상시 잘 해두어야 (충전) 강력한 힘을 발휘, 급한 일이 생길 때 더 큰 힘을 얻는다.

524. 거짓말

수뢰혐의를 갖고 있는 한 국회의원이 기자회견을 자청했다. 이례적으로 기자들은 거짓말탐지기를 쓰기로 합의했다.

주간지 정치부 기자가 국회의원에게 물었다.

"의원님께서 모 기업총수로부터 정치자금 2백억을 받았다는 소리가 있는데 사실인가요?"

국회의원의 오리발이 시작되자마자 테러로 의심되는 폭탄사고가 터졌다. 국회의원의 발언에 대한 테러로 보였다. 국회의원이 놀라 소리쳤다.

"어떤 놈이야!"

이때 한 기자가 퉁명스럽게 대꾸했다.

"거짓말탐지기가 폭발한 겁니다."

525. 소원

엄마가 아들 현수의 사고를 물었다.

"너의 소원이 무엇이냐?"

"첫째 소원은 통일, 둘째 소원도 통일, 셋째도 마찬가지로 소원이에요."

백범 김구 선생을 흉내 내는 아들이 엄마는 미웠다.

"이 엄마의 작은 소원 하나 들어줄 수 있니?"

"뭔데요?"

"빨리 취직 좀 해라."

현수의 변명.

"통일이 되는 모습보고 할게요."

526. 인생

철학과 교수에게 한 학생이 질문했다.

"교수님, 인생이란 무엇인가요?"

교수는 인생은 마라톤이라고 딱 잘라 간결하게 대답했다.

학생은 "어디를 향해 뛰어가는 건가요?" 하고 묻자, 교수의 대답은 "죽음을 향해 달리고 있는 것"이라고 하였다.

계속된 질문.

"42.195㎞를 완주하는 나이는 몇 살인가요?"

교수, 짜증 섞인 표정으로 대꾸하길,

"자네 그만 뛰고 싶나!"

"자전거 타고 가고 싶습니다."

527. 북한말

　외교관 집안에 세 아들이 있었다. 세 아들 모두 정부요직에 있으면서 국제회의나 각종 세미나, 회담에 참석해 국위를 선양하고 있었다. 아버지가 아들 셋을 불러 모았다.

　첫째 아들에게 물었다.

　"이번 한일회담을 위해 일본회화 연습 잘 하고 있냐?"

　"네."

　둘째에게도 물었다.

　"한중회담 위해 중국어 연습 완벽하게 준비하고 있겠지?"

　"네. 회화 책과 테이프를 이용해 연습 중에 있습니다."

　막내아들 차례.

　"넌 남북 정상회담 위해 준비 잘 돼 가니?"

　불만스런 표정의 막내,

　"에이 씨, 서점에서 북한말 회화 책이나 테이프가 없어서 연습 못하고 있어요."

528. 선교

　목사가 신앙심이 좋은 성도와 그렇지 않은 성도에게 각각 물었다.

　신앙심이 좋은 성도에게 먼저 물었다.

　"왜 예수를 믿습니까?"

　"천국에 가려고요."

　또 한 성도에게도 물었다.

"예수를 왜 믿지요?"

"전 미국에 가려고요."

"미국이라뇨?"

"선교사를 빙자해 여행이나 실컷 하고 오려고요."

529. 불순분자

한 여대 학생회관에 난데없이 국가정보원 직원들이 급습했다. 불순분자들이 있다는 첩보를 듣고 무작정 들이닥친 것이다.

"불순분자들 다 나와!"

여학생들은 섭에 실린 채 삭자 한마디씩 말했다.

"전 아닙니다."

"저도 아닙니다."

"여기에 불순분자 있다는 정보 다 듣고 왔어! 우리가 색출하기 전에 빨리 자수해! 직접 검사한다!"

이때 얼굴이 몹시 창백한 한 여학생이 앞으로 나온다.

푹 숙인 고개를 치켜들며 입 여는 여학생,

"저에요."

"학생이 불순분자야? 온순해 보이는 인상이군."

"아닙니다. 전 불순분자입니다."

"그래? 어디 말해봐."

"전 지금 생리불순이거든요."

530. 자격

TV에서 미인대회가 한창 열을 띠고 있었다.

우수정이 "미인대회 하네"라고 중얼대자 옆에 있던 아들 녀석이 "미인대회가 뭐냐?"고 물었다. 우수정은 "제일 예쁜 여자를 뽑는 대회"라고 대답을 해주었다.

그러자 아들,

"그런데 엄만 왜 안 나갔어?"

우수정은 아들의 질문에 너무 기분이 좋아졌고, 누워서 TV를 지켜보던 아빠가 아들에게 대신 일러주었다.

"엄만, 자격 없어!"

아들이 물었다.

"왜? 엄마도 얼굴 예쁜데!"

"자식이 있어서 안 돼."

아들은 고민 한 끝에 강한 의문문을 남겼다.

"그럼 내가 죽을까?"

531. 책벌레

시골 오지에서 초등학교에 다니는 현수는 별명이 책벌레, 책을 몸에 달고 산다. 그런데 일자무식인 엄마는 이런 현수를 매우 못마땅하게 생각한다.

"야, 책 보면 밥이 나오니, 돈이 나오니."

현수가 읽고 있던 책을 엄마에게 보여주면서 엄마의 입은 함구무언! 책제목은 '돈 버는 방법' 이었다.

532. 장수

뉴스를 보고 현수가 아빠에게 물었다.
"아빠, 일본인들은 왜 오래 살아?"
일본이 장수의 나라라는 사실을 아빠는 간단히 밝힌다.
"욕먹으면 오래 살거든."
일본인들은 반복적으로 지껄이는 역사왜곡과, 독도가 자기네 땅이라고 우기는 것, 신사참배를 통해 전 세계인으로부터 골고루 욕을 먹고 있다.

533. 펜과 총

펜과 총을 앞에 두고 철학과 교수에게 한 학생이 물었다.
"둘 중 어느 것이 힘이 센가요?"
"펜."
"왜지요?"
"이 펜 속엔 독침이 있지만, 이 총 안엔 총알이 없다네."

534. 사기꾼

갑 : 사기꾼이 왜 없어지지 않고 오랫동안 우리 사회의 독으로 자리 잡고 있는 거지? 망할 놈의 사기꾼 새끼들!

을 : 사기꾼에게 욕하지 마.

갑 : 뭐?

을 : 자고이래로, 욕먹으면 오래 사는 거 몰라?

535. 과속은 죽음

세월의 과속 = 죽음 (과속 = 죽음). 과속은 '죽음'을 부른다.

나이 40세의 세월 가는 속도 : 시속 40㎞

나이 60세의 세월 가는 속도 : 시속 60㎞

나이 70세의 세월 가는 속도 : 시속 70㎞

나이 80 이상의 세월 가는 속도 : 초속 80m 이상

나이 0세의 세월 가는 속도 : 시속 0㎞

536. 여야 영수회담과 남북 정상회담의 공통점

뭘 하나 꼭 걸고 넘어가야 직성이 풀린다. 불필요한 조건이 많다. 거의 밀회에 가깝다. 용두사미와 유야무야가 태반이다. 두 얼굴을 가진 사나이들의 말잔치이다. 빈 수레가 요란하고 소문난 잔치 먹을 것 없다.

537. 난센스

선거철에 후보자가 유권자들에게 돌리는 아주 무서운 독약과 마약은? 웬만한 유권자들은 중독되거나 감염됨. 특히, 노약자.

답 : 공약

538. 정치

정치인 - 돈(money) 사람
정치지망생 - 돌(stone?) 사람
정치원로 - 돌았던 사람

539. 방해

서쪽바다 - 서해
동쪽바다 - 동해
남쪽바다 - 남해
동쪽바다 독도 - 방해(∵ 일본 놈들의 妨害!)

540. 난센스

6.25 사변 때 우리나라 원수?
김일성(×), 맥아더(○)

541. 상(賞)

제일 큰 상 - 대상
두 번째로 큰 상 - 금상

장려할 목적으로 주는 상 – 장려상
로비활동 결과로 받는 상 – 비정상

542. 정직(?)

정치인의 성공 = 돈 + 명예 + 비리
일반서민 = 땀 + 일 + 정직
재벌의 성공 = 돈 + 돈 + 비리정치인 – 정직!

543. 포기

암 + 용기 = 희망
암 + 포기 = 사망

544. 가수

비디오가수 – 노래는 못하지만 얼굴과 몸매만 예쁜 가수
오디오가수 – 얼굴과 몸매는 형편없지만 노래를 잘 부르는 가수
라디오가수 – PD를 매수, 매일 자기 노래만 틀게 하는 가수

545. 똥과 정치인

구린내가 난다. 처음엔 뜨겁다가 나중에 차가워진다.
보기 싫어도 하루에 한 번은 본다. 잘만 활용하면 삶의 밑거름이

될 수 있다.

잘못 건드리면 구린내가 더 난다.

546. 인생이란

going이다(가는 중이다, 저 세상으로).

coming이다(오는 중이다, 저승사자가 데리러).

547. 천생연분

신부의 취미 - 애완견 기르기,

신랑의 취미 - 보신탕 먹기 〈일석이조〉

신랑의 직업 - 성형외과 의사,

신부의 직업 - 추녀 〈일거양득〉

신랑의 직업 - 사진작가, 신부의 직업 - 모델 〈금상첨화〉

신랑 직업 - 정치인, 신부 - 재벌 딸 〈정경유착〉

548. 난센스

여당의원과 야당의원은 자주 만나서 먹고 마신다.

그래서 당을 하나 만들었다. 그 당명은? 식당

549. 강(綱)

개구리 – 양서류
고릴라와 사람 – 영장류
제비 – 조류
정치인은 주류와 비주류로 나뉘는 인간들!

550. 난센스

경찰이 제일 많이 쓰는 언어? 불어

예 : 교통경찰관의 음주단속 때 – 불어요!
형사계 경찰관의 취조 때 – 불어!

뼈있는 유머

초판 1쇄 발행일 2008년 7월 25일

저   자 | 김현기
발행처 | 베드로서원
발행인 | 한순진
대   표 | 한영진

등록번호 : 제318-2005-000043호 · 등록일자 : 1988. 6. 3

서울시 영등포구 양평동4가 281 삼부르네상스한강 1307호
Tel. 02)333-7316, Fax. 333-7317
www.petershouse.co.kr
E-mail : peter050@kornet.net

베드로서원은 기독교문화 창달을 위해 좋은 책 만들기에 힘쓰고 있습니다.
*파본 및 잘못된 책은 바꾸어 드립니다.

ISBN 978-89-7419-255-6

값 10,000원

미주사역
PETER' S HOUSE
49 Candlewood Way, Buena Park, CA 90621
☎ (562)483-1711. Cell. (714)350-4211
E-mail : soonjinhan@hotmail.com